Eberhard Jüngel
Zur Freiheit eines Christenmenschen

Eberhard Jüngel

Zur Freiheit
eines Christenmenschen

Eine Erinnerung
an Luthers Schrift

Chr. Kaiser

CIP-Titelaufnahme der Deutschen Bibliothek
Jüngel, Eberhard:
Zur Freiheit eines Christenmenschen : eine Erinnerung an
Luthers Schrift / Eberhard Jüngel. –
3., durchges. Aufl. – München : Kaiser, 1991
(Kaiser-Taschenbücher ; 102)
ISBN 3-459-01896-8
NE: GT

© 1991 Chr. Kaiser Verlag München.
Printed in Germany.
Alle Rechte vorbehalten. Abdruck, auch auszugsweise, nur mit
Genehmigung des Verlages. Fotokopieren nicht gestattet.
Umschlag: Ingeborg Geith, München,
unter Verwendung des Motives »Luther predigt«,
Ausschnitt aus dem Flügelaltar der Stadtkirche
in Wittenberg von Lucas Cranach d. Ä., 1547.
ISSN 0931-7732
Satz: Druckerei Wagner, Nördlingen
Druck und Bindung: Clausen & Bosse, Leck

INHALT

Über dem Portal der Universität Tübingen, die in diesem Jahr ihr 500jähriges Jubiläum begeht, steht ein Wort, das als Wahlspruch ihres Gründers zugleich das akademische Selbstverständnis der Lehrenden und Lernenden zu formulieren beansprucht: *Attempto.* Ich versuche, ich wage es.

Als mich die Aufforderung erreichte, im August dieses Jahres auf dem Fifth International Congress of Luther Research in Lund den Hauptvortrag über »Luthers Bedeutung für die gegenwärtige Theologie« zu halten, hatte ich ganz besonderen Anlaß, mich des Wahlspruchs der Tübinger alma mater zu erinnern. Die Schwierigkeiten eines solchen Unternehmens lagen auf der Hand, die Grenzen meiner Kompetenz standen mir deutlich vor Augen. Doch zugleich empfand ich paradoxerweise die Schwierigkeit der mir gestellten Aufgabe insofern als ermutigend, als sie den Unterschied zwischen denen, die in den vielen und umfangreichen Bänden der *Weimarer Ausgabe* von Luthers Werken etwas – oder auch sehr viel – mehr, und denen, die darin etwas – oder auch sehr viel – weniger zuhause sind, schon wieder belanglos zu machen geeignet ist. Außerdem reizte es mich, mir selber Rechenschaft darüber abzulegen, wieweit mich bei der Ausarbeitung der in dem Buch »Gott als Geheimnis der Welt« vorgelegten Gedanken die Theologie des Reformators beeinflußt hat[1].

Hinzu kam, daß ich im Wintersemester 1976/77 ein Seminar über Luthers Traktat »Von der Freiheit eines Christenmenschen« nach einigen Sitzungen abgebrochen hatte, weil während eines sogenannten Streiks diese Lehrveranstaltung massiv gestört worden und ihre Durchführung schon

---

1. Von daher erklären sich nicht wenige Berührungspunkte dieser kleinen Abhandlung mit jenem etwas umfänglichen Buch.

aus akustischen Gründen unmöglich geworden war. Obwohl ich diese Maßnahme auch im Nachhinein für richtig halte, schmerzte mich doch das abrupte Ende des bis dahin besonders erfreulich und fruchtbar verlaufenen Seminars kaum weniger als die über den Abbruch – von ihrem Standpunkt ja durchaus zu Recht – zürnenden Studenten. In dieser Situation ergriff ich die mir von den Lutherforschern gegebene Gelegenheit gern, um durch eine theologische Erinnerung an Luthers Freiheitsschrift literarisch nachzuliefern, was ich zu jenem Seminar mündlich hatte beitragen wollen. Daß die schriftliche Ausarbeitung anders ausgesehen hätte, wenn die Dialoge und Streitgespräche mit den Studenten hätten fortgeführt werden können, vermute ich. Immerhin ist einiges von den Fragen, mit denen mich eine aus dem abgebrochenen Seminar hervorgegangene studentische Arbeitsgemeinschaft am Ende des Semesters heimgesucht hat, in diese kleine Abhandlung eingegangen, die Luthers Bedeutung für die gegenwärtige Theologie – merkwürdige Themenstellung! – an einigen theologischen Grundunterscheidungen Luthers und vor allem an seinem Verständnis der christlichen Freiheit freizulegen versucht. Das Ziel ist erreicht, wenn Studenten und Pfarrer und vielleicht auch sonst einige Christenmenschen, die etwas Anstrengung – doch das alte Deutsch wurde »modernisiert«, die lateinischen Texte wurden übersetzt! – und etwas Nachdenklichkeit nicht scheuen, Luthers klassischen Traktat zur Hand nehmen und sich darein vertiefen.

Die vorliegende Abhandlung gliedert sich so, daß zunächst die allgemeine Problematik der Möglichkeit, über die gegenwärtige Bedeutung vergangener Ereignisse Auskunft zu geben, wenigstens kurz bedacht wird, indem verschiedene Fragestellungen erwogen werden, in denen Luthers Bedeutung für die gegenwärtige Theologie erörtert werden könnte (I). Sodann soll eine dieser Möglichkeiten, wenn nicht realisiert, so doch erprobt werden, indem ich zu erzählen versuche, inwiefern Luther mir bei der Wahrnehmung eigener theologischer Verantwortung bedeutsam, genauer: hilfreich geworden ist (II–III). Nicht erörtern werde ich, inwiefern Luther mir die gegenwärtige Theologie zu belasten scheint, obwohl das eine nicht weniger interessante und auch einigermaßen wichtige Frage ist.

Der Paraphrase von Luthers Freiheitsschrift im dritten Teil dieser Abhandlung ist im zweiten Teil eine längere Einübung in einige Grundvorgänge des theologischen Denkens vorausgeschickt worden, zu denen reformatorische Theologie angehalten ist. Es mag aber – vor allem für die »Nichttheologen« – nützlich sein, die Lektüre mit dem in einer gewissen Hinsicht leichter verständlichen dritten Teil zu beginnen. Im Rückblick auf den Kongreß in Lund merke ich gern an, daß mich die Diskussionen während dieses Fifth International Congress of Luther Research und noch mehr die Diskussionen, die dort nicht stattfanden, ganz und gar von der Notwendigkeit jener Aufgabe überzeugt haben, die die Lutherforscher mir und sich selber gestellt hatten: nach der Bedeutung Luthers für die gegenwärtige Theologie immerhin zu fragen.

Tübingen, am 29. August 1977   *Eberhard Jüngel*

I

ZUR FRAGE NACH LUTHERS BEDEUTUNG FÜR DIE GEGENWÄRTIGE THEOLOGIE

1. Zur Fragestellung

1. Wer sich über die Bedeutung Luthers für die gegenwärtige Theologie äußern soll, kann das auf mehrfache Weise tun.

Er kann Luthers Bedeutung im Sinne seiner *geschichtlichen Wirkung* zu erforschen versuchen. Er kann also nach *der Zukunft* jener längst vergangenen geschichtlichen Erscheinung fragen, die dieser aufgrund der ihr eigenen »Größe«, wie man das einmal genannt hat, zukommt. Die Gegenwart – und mit ihr die gegenwärtige Theologie – wäre dann als eine von vielen Phasen der Wirkung Luthers interessant.

Zur Wirkungsgeschichte Luthers gehört unsere Gegenwart schon ganz unabhängig davon, ob sich diese Zeit dessen bewußt ist, wie sehr sie sich zumindest auch jener anderen, längst vergangenen Zeiterscheinung verdankt. Denn die Bedeutung bedeutender vergangener Ereignisse ist allemal größer als das, was der jeweiligen geschichtlichen Gegenwart an ihnen als bedeutsam erscheint. Ja selbst die Summe aller jemals wahrgenommenen Bedeutsamkeiten eines solchen Ereignisses ist immer noch weniger als das, was ein bedeutsames Ereignis *in Wahrheit* bedeutet. Wirklich bedeutende Ereignisse *wirken* auch ganz unabhängig davon, ob sie jemals von irgendeiner Gegenwart als bedeutsam empfunden werden. Man wird deshalb die *Verifikation* der Bedeutung vergangener Ereignisse von ihrer *wahren Bedeutung* durchaus unterscheiden müssen. Auch Luthers Theologie, auch das geschichtliche Ereignis Luther, das ohne seine Theologie nicht denkbar ist, ist ein solches Ereignis, dessen Wirkung niemals in der Bedeutsamkeit aufgeht, die es für diese oder jene geschichtliche Gegenwart hat. Wir werden folglich gut daran tun, Luthers eventuelle Bedeutung für die gegenwärtige Theologie nur ja nicht zu verwechseln mit der wahren Bedeutung Luthers. Es kann sich immer nur um einen Aspekt derjenigen Bedeutung handeln, die jenes längst vergangene Ereignis Luther aufgrund der ihm eigenen geschichtlichen Potenz hat. Die geschichtliche Potenz einer geschehenen Geschichte ist niemals identisch mit ihren Wirkungen, auch nicht mit deren Summe – und schon gar nicht mit dem, was wir als wirksam und für uns bedeutsam wahrzunehmen vermögen. Die geschichtliche Potenz vergangener Wirklichkeit ist mit keiner aus ihr hervorgegangenen Wirklichkeit identisch. Sie ist vielmehr *das Vermögen,* überhaupt und – vielfach vermittelt – immer wieder neu so *zu wirken,* daß sie Zukunft hat.

Eine in diesem Sinn nach Luthers Bedeutung fragende Forschung steht freilich vor der Schwierigkeit, schlechterdings nicht absehen zu können, welches Ausmaß an Zukunft dieser geschichtlichen Erscheinung zukommt. »Wer kann es wagen«, fragte mit gutem Grund der Historiker Reinhard Wittram[1], »Luther und die Reformation so darzustellen, als wüßte man um ihre ganze Zukunft? Vielleicht sind die vierhundertfünfzig Jahre seitdem nur ein paar Phasen ihrer Wirkung?« Ohne um ihre ganze Zukunft zu wissen, kann man aber über ihre wirkliche Bedeutung für die Gegenwart nur schwer entscheiden.

Eine andere, durchaus naheliegende Weise, das gestellte Thema zu erörtern, kann darin bestehen, die gegenwärtige Theologie daraufhin zu befragen, in welchem Maße und in welchem Sinn sie sich selber zustimmend, kritisch, ablehnend oder wie auch immer auf Luther bezieht und ihm

1. R. Wittram, Die Zukunft in den Fragestellungen der Geschichtswissenschaft, in: Geschichte – Element der Zukunft. Vorträge an den Hochschultagen 1965 der Evangelischen Studentengemeinde Tübingen, 1965, 10.

eben dadurch Bedeutung zuerkennt. Und da wäre dann wohl vor allem von dem Mißtrauen zu reden, mit dem die gegenwärtige Theologie der des Reformators begegnet, der als den eigentlichen Gegenstand der Theologie den »schuldigen und verdammten Menschen und den rechtfertigenden oder rettenden Gott« angegeben und ausdrücklich hinzugefügt hat: »was auch immer neben jenem Fragebereich oder Gegenstand gesucht wird, das ist ganz und gar irrig und eitel in der Theologie, da wir ja in der Heiligen Schrift nichts erwarten über Besitzverhältnisse, über die Gesundheit des Leibes oder die Wohlfahrt des Staates, Dinge, die uns alle in die Hand gegeben, die alle geschaffen sind . . . Deshalb bezieht sich die Theologie nicht auf dieses Leben, sondern sie gehört zu einem anderen Leben, als es Adam hat.«[2] Die Abwehrreaktionen der gegenwärtigen Theologie gegen derart penetrant eindeutige Sätze legen es allerdings nahe, eher von einer auf ihre Weise in der Tat bedeutenden Bedeutungslosigkeit Luthers für die gegenwärtige Theologie zu reden.

Es besteht allerdings auch die Möglichkeit, von der Bedeutung zu reden, die Luther für die gegenwärtige Theologie haben könnte. Dazu müßte man Luther allerdings historisch hinreichend gründlich kennen. Doch wann kennt man auch nur das, was an schriftlich fixierten Lebensäußerungen in die *Weimarer Ausgabe* Eingang gefunden hat, hinreichend gründlich? Dann, wenn man der einen Meinung, dem *videtur quod* und den es stützenden Belegen, eine

2. Enarratio Psalmi LI. 1532, WA 40/II, 327,11–328,9: »Cognitio dei et hominis est sapientia divina et proprie theologica, Et ita cognitio dei et hominis, ut referatur tandem ad deum iustificantem et hominem peccatorem, ut proprie sit subiectum Theologiae homo reus et perditus et deus iustificans vel salvator. quicquid extra istud argumentum vel subiectum quaeritur, hoc plane est error et vanitas in Theologia, quia non expectamus in sacris literis possessiones, sanitates corporum vel politicarum rerum, quae omnia tradita sunt in manus nostras et creata . . . Ideo Theologia non pertinet ad hanc vitam, sed est alterius vitae, quam habet Adam.«

Gegenmeinung, ein *sed contra* mit nicht weniger Belegen aus Luthers Schriften entgegensetzen kann? Aber wie leicht geht bei diesem Hin und Her der Blick für die Argumentation eines Textes verloren, und der Hain wird zu Hölzern! Und vor lauter Gelehrsamkeit kommt es nicht mehr zu einer verbindlichen Aussage, einem *respondeo dicendum*.

In einer solchen Situation muß man wählen. Nötigt schon die Einsicht, daß man auch bei größter historischer Gelehrsamkeit nicht mehr als ein Segment von der wahren Bedeutung vergangener geschichtlicher Erscheinungen zur Sprache bringen kann, zur Bescheidenheit, so dürfte für den historisch Dilettierenden vollends jene Bescheidenheit am Platze sein, die davon Abstand nimmt, den gelehrten Wechsel von *videtur quod* und *sed contra* zu unterbrechen.

Indessen, »nur die Lumpe sind bescheiden« (Goethe). Und wenn es um Theologie geht, dann will ich doch lieber als unbescheiden gelten denn als ein Lump. Nach der Bedeutung Luthers für die gegenwärtige Theologie fragen – das heißt zweifellos: *theologisch* fragen. Und theologisch fragen heißt auf jeden Fall: nach der Wahrheit des Glaubens fragen. Im Blick auf sie aber habe ich von Martin Luther gelernt: Wer auch nur eines verstanden hat, hat alles verstanden[3]. Und ohne damit zu falschen Folgerungen zu verführen, erlaube ich mir doch auch im Blick auf Luthers eigene Werke dessen Auffassung in Erinnerung zu rufen: »Die Anzahl der theologischen Bücher müßte man auch verringern und die besten auswählen. Denn viele Bücher machen nicht gelehrt, viel Lesen auch nicht. Sondern Gutes lesen und oft lesen, so wenig es auch ist, das macht gelehrt in der Schrift und fromm dazu.«[4] Nicht oft genug lesen

---

3. Vgl. De servo arbitrio. 1525, WA 18, 605,12f: »unum aliquid assecutus, omnia assecutus«.
4. An den christlichen Adel deutscher Nation von des christlichen Standes Besserung. 1520, WA 6, 461, 1–4.

kann man Luthers Traktat von der Freiheit eines Christenmenschen. Die folgenden Ausführungen wollen dazu ver-
helfen. Sie sind Lesehilfen, die die Aktualität jenes Textes
freilegen sollen, um auf diese Weise eine Vorstellung davon zu vermitteln, welche Bedeutung Luther für die gegenwärtige Theologie haben könnte.

2. »*History* tells stories.«[5] Dieser hermeneutische Grund-
satz gilt durchaus auch dann, wenn es um die Bedeutung
vergangener theologischer Entscheidungen für die Theologie der Gegenwart geht. Und so wage ich es denn, *zu
erzählen.* Ich möchte erzählen, was mir für unsere gegenwärtige theologische Situation beim Studium einiger Texte
Luthers bedeutsam geworden ist. Dabei wird nichts Neues,
sondern allenfalls längst Vertrautes auf eine nicht ganz so
vertraute Weise mitgeteilt werden: also einige von Luther
angeregte Gedanken.
Eigentlich müßte ich da ja zunächst von meinen Lehrern
erzählen, deren sehr unterschiedliche Art, sich auf Luther
zu beziehen – bis hin zu dem ausgesprochenen Mißtrauen,
das ihm der alte Karl Barth entgegengebracht hat –, meine
eigenen Versuche, Luther kennenzulernen, sicherlich mehr
geprägt hat, als mir bewußt ist. Doch die Kundigen werden
es ohnehin konstatieren. Und so soll denn – die Lehrer
werden es verzeihen – sogleich in eigener Verantwortung
von der Bedeutung Luthers für die gegenwärtige Theologie
erzählt werden.

3. Es versteht sich von selbst, daß bei einem solchen
Versuch unsere gegenwärtigen theologischen Aufgaben
und daß vor allem die Aporien, in die die gegenwärtige
Theologie geraten ist, sensibilisierend wirken. Zwar ver-
kenne ich die Gefahr nicht, die darin besteht, daß man sich
beim Verstehen *vergangener* – und das heißt ja auf jeden

5. A. C. Danto, Analytical Philosophy of History, Cambridge 1965, 111.

Fall: zumindest partiell *fremder* –Wirklichkeit von Frage-stellungen der eigenen Gegenwart[6] leiten läßt. Gilt doch schon für die *gleichzeitigen* Ereignisse, daß sie sich dem Gegenwartssinn nur unzureichend erschließen: »Der ei-gentliche Sinn für die Geschichten der Menschen entwik-kelt sich erst spät, und mehr unter den stillen Einflüssen der Erinnerung, als unter den gewaltsameren Eindrücken der Gegenwart.«[7] Um wieviel mehr wird man das von den gewaltsameren Eindrücken derjenigen Gegenwart behaup-ten müssen, die der *vergangenen* Wirklichkeit *nicht gleich-zeitig* ist! Wenn wir es jedoch wagen, die Theologie Luthers nicht nur mit unseren gegenwärtigen Fragestellungen zu studieren, sondern mehr noch unsere eigenen Fragestellun-gen von der Theologie Luthers her zu überprüfen, dann dürfte zwischen »den gewaltsameren Eindrücken der Ge-genwart« und »den stillen Einflüssen der Erinnerung« ein Kompromiß möglich werden, der jedenfalls etwas anderes als ein fauler Kompromiß ist.

2. »*Wir sollen Menschen und nicht Gott sein. Das ist die Summa*«

1.   Wenn die gegenwärtige Theologie überhaupt eine the-matische Mitte hat, dann ist das die christliche Freiheit. Für die libertas christiana zu streiten, beanspruchen alle derzei-tigen theologischen Richtungen von Gewicht. Damit ist aber auch schon gesagt, daß diese thematische Mitte gegen-wärtiger Theologie nur als umstrittene da ist. Ja, die Unter-schiede und Gegensätze zwischen den verschiedenen pon-

6. Als »Fragestellungen unserer eigenen Gegenwart« könnte nun freilich jede Theologie etwas anderes ausgeben, so daß wir also nicht einmal gemeinsame theologische Fragestellungen hätten. Demgegenüber verste-he ich unter unseren gegenwärtigen theologischen Fragestellungen das, was in fundamentaler Weise in der Theologie *strittig* ist.
7. Novalis, Heinrich von Ofterdingen, in: Schriften, Erster Band: Das dichterische Werk, hg. von P. Kluckhohn und R. Samuel, 1977, 257.

derablen Strömungen derzeitiger Theologie erklären sich nicht zuletzt durch das differente Verständnis eben der christlichen Freiheit.

Dabei steht mit dem *Verständnis* der christlichen Freiheit zugleich deren *Wirklichkeit* auf dem Spiel. Die christliche *Lehre* von der Freiheit ist, und zwar auch als »akademische Angelegenheit«[8], eine Potenz des Lebens. Sie will praktisch werden und versteht sich – ganz im Gegensatz etwa zur Philosophie Hegels, die ihr Grau in Grau erst dann zu malen behauptet, wenn eine Welt alt geworden ist – als das begierige Warten auf den Anbruch des Tages. »Hüter, ist die Nacht schier hin?« (Jes 21,11) lautet ihre drängende Frage. Und im Unterschied zu der erst bei einbrechender Dämmerung ihren Flug beginnenden Eule der Minerva bittet sie um das Kommen des befreienden Geistes, dessen Taube als ein Vogel des neuen Tages verehrt wird. Die christliche Lehre von der Freiheit *drängt* auf ein Leben in Freiheit. Jeder Gedanke giert da geradezu nach der ihm entsprechenden Wirklichkeit. Nirgends ist die christliche Wahrheit wirklichkeitsbesessener als im Streit um die Freiheit.

Wirklichkeitsbesessenheit hat jedoch die Tendenz in sich, das Verhältnis des Menschen zu Wahrheit zu regulieren, so daß der Wirklichkeitsbezug sich von der Wahrheitsverpflichtung zu emanzipieren geneigt ist. Daß diese Gefahr die gegenwärtige Theologie in besonderem Maße bedroht, liegt offen zu Tage. In dieser Situation läßt sich so etwas wie die Bedeutung Luthers für die gegenwärtige Theologie am ehesten so darstellen, daß wir ihn – unbeschadet der Tatsache, daß wir alle ohnehin, vielfach vermittelt, seine Erben sind und daß auch unsere Gegenwart in weltlicher

---

8. Die heute gängige Diskreditierung akademischer Theologie bleibt auch dann ein ökumenischer Skandal, wenn die akademische Theologie selbst nicht wenig dazu beigetragen hat, daß sie in einen so großen Mißkredit geraten ist, wie er ihr zur Zeit vor allem im sogenannten ökumenischen Dialog attestiert wird!

und geistlicher Hinsicht zumindest unterirdisch noch immer von den Fernwirkungen des geschichtlichen Ereignisses Luther erreicht wird – in unseren eigenen Streit um die christliche Freiheit hineinzuziehen, indem wir einfach unterstellen, er habe etwas zu sagen. Daß er etwas zu sagen hat, wird sich dann am ehesten durch die *Fragen* zeigen, mit denen er *stört.* Um solche Fragen zu wecken, soll an Luthers Traktat von der Freiheit eines Christenmenschen erinnert werden, der mit Recht als »der vollkommenste Ausdruck für« Luthers »reformatorisches Verständnis des Christusmysteriums«[9] bezeichnet worden ist.

Geht es beim reformatorischen Verständnis der christlichen Freiheit aber um das Verständnis des Christusmysteriums, dann stellt sich auch schon die Frage, ob unser Streit um die Freiheit die Frage nach dem Geheimnis der Person Jesu Christi überhaupt verträgt. Ist wirklich das Geheimnis der Person Jesu Christi selber strittig, wenn um die Freiheit eines Christenmenschen gestritten wird? Kann man so tun, als einige uns zwar das Bekenntnis zu Jesus Christus, während es das rechte Verständnis der christlichen Freiheit sei, das uns inmitten dieser Einigkeit und Gemeinschaft des Bekenntnisses unterscheidet, belastet und gar zu trennen vermag?

Die Frage, wer in Wahrheit frei genannt zu werden verdient, läßt sich für die christliche Theologie in der Tat nicht trennen von der Frage nach der Person Jesu Christi. Paulus hat 1 Kor 9,1 die beiden Fragen, ob er nicht ein Freier, ob er nicht Apostel sei, mit zwei weiteren Fragen verbunden, deren selbstverständlich positive Beantwortung auch die ersten beiden Fragen mit »Ja« zu beantworten erlaubt: »Habe ich nicht Jesus, unseren Herrn, gesehen? Seid Ihr nicht mein Werk im Herrn?« Luther zitiert gleich am Anfang seines Traktates die von Paulus im selben Kapitel

9. W. Maurer, Von der Freiheit eines Christenmenschen. Zwei Untersuchungen zu Luthers Reformationsschriften 1520/21, 1949, 25.

(1 Kor 9,19) formulierte Behauptung: »Ich bin frei in allen Dingen und habe mich zu jedermanns Knecht gemacht«.[10] Der Satz ist ohne die Begründung der Freiheit des Apostels in der Gemeinschaft mit Jesus Christus – »Habe ich nicht Jesus, unseren Herrn, gesehen?« – und ohne die aus dieser Gemeinschaft hervorgehende apostolische Wirksamkeit – »Seid Ihr nicht mein Werk im Herrn?« – sinnlos. Freiheit und Dienst des von Luther als Exemplar eines Christenmenschen zitierten Apostels verweisen also zurück auf das Geheimnis der Person Jesu Christi und ihrer Wirksamkeit. Luther bringt das – zunächst recht äußerlich – durch den Aufweis einer Analogie zwischen der christlichen Existenz und dem Sein Jesu Christi im Anschluß an Gal 4,4 und Phil 2,5ff auch sofort zum Ausdruck: »Obwohl er Herr über alles ist, wurde er doch von einem Weibe geboren und unter das Gesetz getan: zugleich ein Freier und ein Knecht, zugleich in göttlicher Gestalt und auch in Knechtsgestalt.«[11] Man wird diese Analogie allerdings sehr streng in dem Sinne zu verstehen haben, daß die christliche Existenz nur als analogatum zum Sein Jesu Christi als dem (sacramentaliter wirkenden, also keineswegs nur als exemplum geltenden) analogans in einem analogen Verhältnis steht. Luther hatte das gleich im ersten Satz der deutschen Fassung des Traktats angedeutet, als er die Freiheit des Christen näher bestimmte als »die Freiheit, die ihm Christus erworben und gegeben hat«[12]. Zum genaueren Verständnis dieser so strukturierten Analogie ist für Luther eine *fundamentale anthropologische Unterscheidung* notwendig, die im Blick auf den Streit um die Freiheit weitere Fragen aufwirft. Erst im Horizont dieser notwendig werdenden

10. 37,1. Ich zitiere nach der Ausgabe von L. E. Schmitt, Neudrucke deutscher Literaturwerke des 16. und 17. Jahrhunderts, Nr. 18, 1954³. Es werden jeweils die Seitenzahl und der Abschnitt angegeben.
11. 36,1: »sic et Christus, quanquam omnium dominus, factus tamen ex muliere, factus est sub lege, simul liber et servus, simul in forma dei et in forma servi«.
12. 37,1.

anthropologischen Fundamentalunterscheidung läßt sich klären, inwiefern der Streit um das, was Freiheit genannt zu werden verdient, ein Streit um die Person Jesu Christi ist. Und erst die Interpretation der Bedeutung Jesu Christi mit Hilfe dieser notwendig werdenden anthropologischen Fundamentalunterscheidung macht deutlich, inwiefern es in dieser einen Streitsache um das Ganze geht. Bevor auf diese das Geheimnis der Person Jesu Christi zur Geltung bringende Fundamentalunterscheidung im Zusammenhang des Freiheitstraktates Luthers genauer eingegangen wird, soll jedoch in Erinnerung gerufen werden, daß und inwiefern die theologische Kunst, recht zu unterscheiden, das Denken und Reden Luthers durch und durch bestimmt. Nicht zuletzt durch diese – nur scheinbar formale – Eigenart hat Luthers Theologie gewirkt und vermag sie, wenn überhaupt, auch heute zu wirken.

2. Zu den auffallendsten Eigentümlichkeiten der Theologie unserer Tage gehört zweifellos ihre eigene Orientierungslosigkeit. Sie drückt sich aus in der Beliebigkeit der theologischen Themen. Die gegenwärtige Theologie nimmt zu allem und jedem das Wort. Doch sie hat, indem sie zu allem und jedem redet, immer weniger spezifisch Theologisches zu sagen. Sie hat kein ihr eigenes thema probandum. Hätte sie es, so könnte von ihm her dann in der Tat *alles* theologisch relevant werden. Gilt der Satz des Thomas von Aquin: »Alle Dinge werden in der heiligen Lehre unter dem Gesichtspunkt ihrer Beziehung zu Gott behandelt«[13], dann wird auch umgekehrt zu gelten haben, daß alles aufgrund seiner Beziehung zu Gott zum Thema der Theologie werden kann. Weil Theologie aufgrund ihres ureigensten Gegenstandes, weil sie als *Rede von Gott* notwendig aufs Ganze geht, deshalb und insofern hat Theologie es in

13. Thomas von Aquin, Summa theologiae I, q. 1 a. 7 crp.: »Omnia . . . pertractantur in sacra doctrina sub ratione Dei«.

der Tat auch mit »allem und jedem« zu tun. Aber eben nur deshalb und insofern![14]

Die Rede von Gott geht aber nur dann *aufs Ganze*, wenn sie in höchstmöglicher Weise *bestimmte* Rede ist. Wer »Gott« sagt, redet von einem ganz *besonderen,* von einem *unverwechselbaren* Sein, dessen Besonderheit und Unverwechselbarkeit doch zugleich von *allgemeinster Bedeutung* sein soll. Die Rede von Gott muß demgemäß in bestimmtester Weise *konkret* werden, zugleich aber in umfassendster Weise *universalen* Anspruch erheben können. Wie ist das möglich? Wie ist es möglich, von Gott so zu reden, daß in, mit und unter allen Larven, unter denen er sich verbirgt, Gott selbst jedermann unbedingt angeht?

Wer bei dem Versuch, diese Frage zu beantworten, von Luther erzählen soll, ist versucht, eine Formel anzubieten und die Unterscheidung von Gesetz und Evangelium zu beschwören. Ich halte diese Antwort für richtig. Doch ich will sie nicht *zitieren,* sondern statt dessen von meinen Annäherungsversuchen erzählen, diese hohe Kunst zu erlernen. Und da muß ich zunächst an eine mehr formale Eigenart der Sprache Luthers erinnern, die mich schon als Student fasziniert hat. Ich meine die eigentümliche Prägnanz, mit der Luther sowohl einigermaßen komplizierte theologische Sachverhalte wie die einfachsten Vorgänge elementaren Lebens zur Sprache zu bringen vermag. Strengste wissenschaftliche Formulierung, zartester Ausdruck, bittere Ironie, grobe Beschimpfung – diese und noch viele andere Weisen sprachlicher Äußerung vertragen sich in seltsamer Harmonie, weil sie alle in je ihrer Art prägnant sind. Man mag sich von einigen Dimensionen der Sprache

---

14. Die Umkehrung dieser Begründung, der gemäß Theologie, weil sie zu allem und jedem das Wort nimmt, aufs Ganze gehe und insofern eben auch Rede von Gott sei, ist als theologische Selbstpersiflage das unbewußte Eingeständnis der eigenen Unernsthaftigkeit und die unfreiwillige Aufforderung, Theologie auf keinen Fall mehr ernst zu nehmen. Ich notiere das, weil diese Umkehrung der oben gegebenen Begründung zur Zeit nicht unüblich ist.

Luthers genauso abgestoßen fühlen, wie man von anderen – die Choräle! – unwiderstehlich angezogen wird: auch in seinen abstoßendsten Äußerungen redet er prägnant.

Diese Prägnanz hängt m. E. zusammen mit einer Grundregel seines Denkens, die er auch anderen immer wieder einschärft: nämlich recht zu unterscheiden. Nun ist das zwar eine übliche Disputationsregel, also als formale Anweisung genommen nicht besonders originell. Ja, die gewisse intellektuelle Hygiene, die mit dieser Regel bewirkt wird, kann sogar entschieden zu weit getrieben werden und als Unterscheidung ohne Unterlaß zur Sterilität verkommen. Was der Anweisung Luthers zu rechter Unterscheidung demgegenüber ihre besondere, bis in die Sprache hinein sich ausdrückende Leistungskraft gibt, ist die Orientierung an den elementaren Differenzen, in denen sich unser Leben vollzieht und mit denen es die Theologie zu tun hat. Da aber die elementaren Differenzen, in denen sich menschliches Leben vollzieht, vom Lebensvorgang selbst in der Regel überdeckt und überspielt werden, muß gerade um des Lebens willen *unterschieden* werden: zwischen Person und Werk, zwischen Glaube und Liebe, zwischen Gesetz und Evangelium, zwischen Christperson und Weltperson, zwischen Leben und Lehre usw. Und eben darin ist mir Luthers Theologie schon in ihrer Sprache besonders eindrücklich und hilfreich geworden: daß sie anleitete, jene elementaren Unterscheidungen zu vollziehen – sicherlich auch noch ganz andere als die von Luther her bekannten! –, die der Rede von Gott dasjenige Profil geben, das sie allererst streng und interessant macht. Vielleicht leidet unsere gegenwärtige Theologie nicht zuletzt deshalb an so vielen schiefen Alternativen, weil sie die Kunst des rechten Unterscheidens erst wieder von Grund auf lernen muß.

3.   Die meisten der elementaren Differenzen, mit denen es die Theologie zu tun hat und die ihr als Rede von Gott

allererst Profil geben, lassen sich freilich auch unabhängig von aller Theologie wahrnehmen. Wer wüßte nicht zu unterscheiden zwischen sich selbst und dem, was er tut? Zwischen Fleisch und Geist? Zwischen äußerem und innerem Menschen? Zwischen Freiheit und Dienst usw.? Doch dergleichen elementare Differenzen rücken in einen sie selbst verändernden neuen Rang ein, wenn sie von der eigentlichen Differenz erreicht werden, um die es in der christlichen Theologie geht. Das ist die Unterscheidung von Gott und Mensch. Zwar *meint* der Mensch auch unabhängig von aller Offenbarung und der ihrem Verständnis geltenden Theologie zu wissen, daß das zweierlei ist: Gott und Mensch. Zwar meint der Mensch zumindest sich selbst zu kennen und insofern dann auch zumindest zu wissen, was Gott nicht ist, und also Gott und Mensch unterscheiden zu können. Doch genau das ist nach Luthers Verständnis eine einzige Selbsttäuschung des Menschen. Schon in der Disputatio contra scholasticam theologiam (1517) heißt es unmißverständlich: »Der Mensch kann von Natur aus nicht wollen, daß Gott Gott sei, viel lieber wollte er, er selbst wäre Gott, und Gott wäre nicht Gott.«[15] Und so existieren die Menschen, wie Luther wenige Jahre später bei der Auslegung von Psalm 5,3 bemerkt, als unselige und stolze Götter, die durch Jesu Christi Menschlichkeit allererst zu wahren Menschen gemacht werden: »Er macht uns durch das Reich seiner Menschlichkeit oder (wie der Apostel sagt) durch das Reich seines Fleisches, das sich im Glauben vollzieht, sich gleichförmig und kreuzigt uns, indem er uns aus unseligen und hochmütigen Göttern zu wahren Menschen, d. h. zu Elenden und Sündern macht.«[16]

---

15. WA 1, 225,1f: »Non potest homo naturaliter velle deum esse deum, Immo vellet se esse deum et deum non esse deum.«
16. Operationes in Psalmos. 1519–1521, WA 5, 128,36–39: »Humanitatis seu (ut Apostolus loquitur) carnis regno, quod in fide agitur, nos sibi conformes facit et crucifigit, faciens ex infoelicibus et superbis diis homines veros, idest miseros et peccatores.«

Vorausgesetzt ist dabei die *Existenz* von so etwas wie Gott. Aber das *Wesen* des als existierend vorausgesetzten Gottes verfehlt der Mensch durchaus, indem er selbst wie Gott sein will. Begehrt er doch nach genau jenen Gottesprädikaten, die ohne Gottes liebevolle Selbstentäußerung genauso gut einen Teufel ausmachen wie einen Gott. Und so wenig wie der menschliche *Wille* vermag die menschliche *Vernunft* Gottes Gottheit zu wahren: sie spielt vielmehr, wie es in der gern zitierten Passage aus der Auslegung des Propheten Jona[17] heißt, Blindekuh »und tut eitel Fehlgriffe und schlägt immer neben hin, daß sie das Gott heißt, was nicht Gott ist, und wiederum das nicht Gott heißt, was Gott ist . . .« Genau auf die Beendigung dieser Selbsttäuschung, mithin auf die rechte Unterscheidung zwischen Gott und Mensch kommt es der christlichen Theologie aber an. Das ist ihre Fundamental-Differenz. Denn die Offenbarung Gottes, um deren Verständnis christliche Theologie sich bemüht, besagt in letzter Konsequenz eben dies, daß Gott selbst zum Besten des Menschen auf die rechte Unterscheidung von Gott und Mensch aus ist, die der Mensch von sich aus allemal verfehlt. Luther hat bei der schon erwähnten Auslegung von Psalm 5,3 geradezu als Pointe der Menschwerdung Gottes in Jesus Christus die Menschwerdung des Menschen angegeben: »Denn wie wir in Adam aufgestiegen sind zum Bilde Gottes, so ist er heruntergestiegen in unser Bild, damit er uns zu unserer Selbsterkenntnis zurückführe. Und das geschieht im Sakrament seiner Menschwerdung. Dies ist das Reich des Glaubens, in dem das Kreuz Christi herrscht, das die angemaßte Göttlichkeit zu Boden wirft und wieder zu Ehren bringt die Menschheit und die verachtete Schwachheit des Fleisches, die man freventlich im Stich gelassen hatte.«[18] Deshalb wurde Gott

17. WA 19, 207,3–6.
18. Operationes in Psalmos. 1519–1521, WA 5, 128,39–129,4: »Quia enim ascendimus in Adam ad similitudinem dei, ideo descendit ille in similitudinem nostram, ut reduceret nos ad nostri cognitionem. Atque hoc

Mensch, damit der Mensch von Gott definitiv unterschieden und in dieser Unterscheidung die menschliche Rede von Gott selber definitiv würde. Was ich in Luthers Gotteslehre, in seiner Christologie und in seiner Anthropologie – wenn man überhaupt so unterscheiden darf – gelernt habe, ist allemal derselbe Herzschlag: nämlich die rechte Unterscheidung von Gott und Mensch als eine dem Menschen *zugute* kommende Unterscheidung zu vollziehen[19]. Eben das will aber gelernt, will stets von neuem eingeübt sein. Selbst Melanchthon meint Luther in einem berühmten Brief an Spalatin aus der Veste Coburg (vom 30. 6. 1530) von der Gefahr bedroht zu sehen, daß dieser nicht in der rechten Weise zwischen sich und Gott zu unterscheiden vermöge: »Du aber sei stark im Herrn und vermahne Philippus in meinem Namen immerzu, daß er nicht zum Gott werde, sondern streite wider jenes uns angeborene und vom Teufel im Paradies eingepflanzte Begehren, selbst Gott zu sein, denn das bekommt uns nicht ... Wir sollen Menschen und nicht Gott sein. Das ist die Summa; es wird doch nicht anders ...«[20]

Gibt aber die rechte Unterscheidung von Gott und Mensch der Rede von Gott dasjenige Profil, das diese sowohl als ein unverwechselbar besonderes wie auch als ein jedermann unbedingt angehendes Wort auszeichnet, dann scheint mir von dieser Einsicht aus eine fruchtbare Neuverhandlung des unabweisbaren Problems der sogenannten natürlichen Theologie möglich zu sein. Die gewisse Ambi-

---

agitur sacramento incarnationis. Hoc est regnum fidei, in quo Crux Christi dominatur, divinitatem perverse petitam deiiciens et humanitatem carnisque contemptam infirmitatem perverse desertam revocans.«
19. In dieser Hinsicht habe ich auch keinen sachlichen Unterschied zwischen »jungem« und »spätem« Luther bemerken können.
20. WA.B 5, 415,41–46: »Tu esto fortis in Domino, & Philippum meo nomine Exhortare semper, ne fiat Deus, Sed pugnet contra illam innatam & a Diabolo in paradiso implantatam nobis ambitionem diuinitatis, Ea enim non expedit nobis ... *Wir sollen menschen vnd nicht Gott sein. Das ist die summa; Es wird doch nicht anders ...*«

valenz der für dieses Problem in der Regel bemühten Texte Luthers, nach denen zwar jedermann auf so etwas wie Gott ansprechbar ist, ohne doch remoto Christo und remota fide den wahren Gott verifizieren zu können, hat mich stets unbefriedigt gelassen. Nach meinem Urteil führt es theologisch weiter, wenn aufgrund des besonderen Ereignisses der Unterscheidung von Gott und Mensch *das Wesen des Menschen* in Aussagen formuliert wird, die dann zwar nur für den Glaubenden als eindeutig wohltuende Sätze identifizierbar sind, aber dennoch auch von den Nichtglaubenden, also auch remoto Christo und remota fide, als wahre Sätze über das Sein des Menschen anerkannt werden müssen[21]. Eben das leistet aber diejenige Unterscheidung von Gott und Mensch, die im Ereignis der Rechtfertigung allein aus Glauben gegeben ist. Luther hat denn auch in der *Disputatio de homine* (1536) dieses Ereignis als Definition nicht etwa nur des Glaubenden, des Christen, sondern pointiert als Definition des Menschen – des »ganzen und vollkommenen Menschen« – behauptet: »Paulus faßt in Kürze die Definition des Menschen zusammen, wenn er sagt, daß der Mensch durch Glauben gerechtfertigt werde.«[22] Gerechtfertigt werden heißt: zu seinem eigenen Besten von Gott definitiv unterschieden werden. Eine definitive Unterscheidung von Gott ist für den wie Gott sein

21. Zum Problem vgl. W. Joest, Ontologie der Person bei Luther, 1967, 174f; E. Jüngel, Der Gott entsprechende Mensch. Bemerkungen zur Gottebenbildlichkeit des Menschen als Grundfigur theologischer Anthropologie, in: Entsprechungen: Gott–Wahrheit–Mensch. Theologische Erörterungen, 1980, 291f.
22. WA 39/I, 176,33–35: »Paulus ... breviter hominis definitionem colligit, dicens, Hominem iustificari fide.« Vgl. 176,5f. Die Disputation de homine wurde – nach Abschluß dieses Manuskripts – soeben neu ediert von G. Ebeling, Lutherstudien, Bd. II: Disputatio de homine. Erster Teil: Text und Traditionshintergrund, 1977. Die erwähnten Thesen stehen dort S. 22 und 19. Ebeling weist ebenfalls darauf hin, daß, wenn Luther im Unterschied zu Aristoteles den homo theologicus zu definieren beanspruche (vgl. These 28, aaO. 21), »nicht ein besonderer Menschentyp, etwa der Christ«, gemeint sei, sondern »vielmehr der Mensch – jeder Mensch! – in theologischer Hinsicht« (aaO., 34).

wollenden Menschen aber erst dann gegeben, wenn er nicht mehr wie Gott zu werden begehren muß. Das aber ist erst dann der Fall, wenn Gott ihm bereits näher ist, als er sich selbst jemals nahe zu sein vermag. Diese Nähe Gottes sozusagen zwischen mir und mir wird jedoch nur aussagbar, wenn es dem Menschen wesentlich ist, von sich selbst unterschieden zu werden.

Damit wird der heute geläufigen These widersprochen, es sei dem Menschen wesentlich, mit sich selbst identisch zu werden. Der Widerspruch ist theologisch notwendig. Ich will das verdeutlichen, indem ich auf die heute weitgehend suspekte Unterscheidung von innerem und äußerem Menschen eingehe, mit der Luther in seinem Traktat de liberate christiana gearbeitet hat.

Doch bevor ich mich den fundamentalen theologischen Unterscheidungen dieser Schrift zuwende, möchte ich in einem längeren Anmarsch erzählen, inwiefern ich Luthers nur scheinbar formale Kunst des rechten Unterscheidens als eine Folge seiner materialen theologischen Grundorientierung erkennen und bejahen gelernt habe. Dabei spielen Gedanken aus verschiedenen Schriften eine maßgebende Rolle, vor allem einige Thesen der Heidelberger Disputation, eine Passage aus De servo arbitrio und eine aus der großen Abendmahlsschrift, einige Formulierungen aus der Disputation de homine, aber auch ein einziger Satz aus der Auslegung des 121. Psalmes. Sie kreisen alle um die Aufgabe, angesichts der unbestreitbaren Unsichtbarkeit Gottes die rechte Weise theologischen Redens, den rechten *modus loquendi theologicus*[23] zu finden.

---

23. Mit Recht hat Leif Grane Luthers theologische Arbeit (1515–1518) unter diesem Begriff zur Darstellung gebracht, in seinem schönen Buch: Modus loquendi theologicus. Luthers Kampf um die Erneuerung der Theologie (1515–1518), Leiden 1975.

II

VON DER UNSICHTBARKEIT ZUR VERBORGEN-HEIT GOTTES

1. Ambivalenz der Unsichtbarkeit Gottes

In seiner großen Auseinandersetzung mit Erasmus *De servo arbitrio* erinnert Luther[1] an die neutestamentliche Behauptung, »daß sich der Glaube aufs Unsichtbare bezieht« (Hebr 11,1). Diese Erinnerung ist paradoxerweise gerade deshalb angebracht, weil wir Gott in der Tat nicht sehen. »Niemand hat Gott je gesehen« (Joh 1,18). Diese unbestreitbare Erfahrung, daß Gott nicht zu sehen ist, muß alle Rede von Gott jederzeit begleiten können. Wer ohne die Erfahrung der Unsichtbarkeit Gottes von Gott spricht, redet sowohl an Gottes wie an seiner eigenen Wirklichkeit vorbei. Er sollte schweigen. Doch wie und in welcher Weise hat es der Glaube mit dem unsichtbaren Gott zu tun? Unsichtbarkeit ist ein in sich ambivalentes Phänomen. Unsichtbar kann Gott deshalb genannt werden, weil er unbekannt und unerfahrbar ist. Der Unsichtbarkeit Gottes entspricht dann seine Unbestimmbarkeit. Und die Erfahrung der Unsichtbarkeit Gottes wäre im Grunde die *Erfahrung seiner Unerfahrbarkeit*. Unsere Einstellung zu Gott hätte dann dieser erfahrbaren Unerfahrbarkeit Gottes entweder dadurch Rechnung zu tragen, daß es zu einem skeptischen Agnostizismus kommt, oder aber dadurch, daß unter der Voraussetzung einer gleichwohl vorhandenen Gottesgewißheit nunmehr das menschliche Handeln zum Ausdruck dessen wird, was mit dem Wort »Gott« gemeint ist. Im zweiten, theologisch wirklich relevanten Fall wird die der Unsichtbarkeit Gottes entsprechende Unbestimmbarkeit

---

1. WA 18, 633,7: »Altera est, quod fides est rerum non apparentium.«

aufgefangen durch die sittliche Bestimmtheit des menschlichen Tuns. Das auf den Unterschied von Gut und Böse ansprechbare handelnde Ich wird zu so etwas wie einer die Unsichtbarkeit Gottes wahrenden Gottesdefinition. Die Einstellung des Erasmus bewegt sich zumindest in der Nachbarschaft dieser Auffassung. Und da nicht wenige biblische Texte sich im Sinne einer der Unsichtbarkeit Gottes entsprechenden »Orthopraxie« zitieren lassen, hat sich diese Auffassung immer wieder als Selbstdarstellung des christlichen Glaubens angeboten: an Gott »glauben« heißt menschlich (human) handeln. Die Menschlichkeit des menschlichen Lebens hat die Qualität einer Näherbestimmung des an sich unbestimmbaren, weil unsichtbaren Gottes.

Luther bestreitet dieser Auffassung jedoch das Recht, sich als Selbstdarstellung des christlichen Glaubens anzubieten. Für ihn heißt an Gott glauben nichts anderes als eben *glauben*. Das klingt zunächst tautologisch. Und doch hängt von dieser scheinbaren Tautologie nicht weniger als alles ab. Sie besagt: *der Glaube ist unersetzbar.* Deshalb bestreitet Luther auch prinzipiell, daß sich die von ihm bekämpfte Auffassung zu Recht auf biblische Texte berufen kann. Im Grunde ist sie eine »Theologie ohne Text«. Ihr Textgebrauch kommt einem Textverzicht gleich. Ja, dieser Textgebrauch ist sogar noch schlimmer als der Verzicht auf biblische Texte, weil er – sei es bewußt, sei es unbewußt – so tut, als ob er textbezogene Theologie sei, obwohl er doch im Grunde auf die Texte, von denen Gebrauch gemacht wird, gar nicht angewiesen ist. Wenn aber Luther überhaupt eine Bedeutung für die Theologie – welcher Gegenwart auch immer – haben kann, dann ist es zunächst einmal seine Erinnerung an die elementare Angewiesenheit der Theologie auf den auszulegenden Text der heiligen Schrift. Theologie ist grundlegend und sie ist bis zuletzt Exegese. Nicht um Bibelstellen – bei jeder passenden und unpassenden Gelegenheit – *anzuwenden,* auch nicht um der heiligen Schrift eine formale Autorität zuzuerkennen, die der Unterschiedslosigkeit und damit der Gedankenlosigkeit im Umgang mit biblischen Texten zugute käme. Man muß vielmehr »mit der Schrift säuberlich handeln und verfahren . . . Die falschen Propheten fahren zu und sprechen: Liebes Volk, das ist das Wort Gottes. Es ist wahr, wir können's auch nicht leugnen. Wir sind aber das Volk nicht, zu dem er redet«[2]. Es geht überhaupt nicht darum, mit der Bibel irgend etwas anzufangen, um sie dann eben doch hinter sich zu lassen. Einen Wink zum rechten Verständnis der Theologie als konsequenter Exegese gibt vielmehr eine sprachliche Wendung wie die, daß »uns die Not dringt, . . . in die Bibel zu laufen«[3]. Im allerdings höchst differenzierten Sach- und Sprachzusammenhang der biblischen Texte zu existieren, um dort seine Urteilskraft zu bilden und zu erneuern (um »allda Gericht und Urteil« zu »holen«[4]) – das ist die unerläßliche Bedingung theologischer Existenz, die Luther der Theologie als das in Erinnerung gerufen hat, was eigentlich selbstverständlich sein sollte und doch offensichtlich so gar nicht selbstverständlich ist. Um es unmißverständlich zu sagen: für eine Theologie, deren Stoffwechsel sich nicht in der Auseinandersetzung mit den Texten des Alten und Neuen Testaments vollzieht, hat Luther keine andere Bedeutung als die, ihr erbittertster Gegner zu sein. Auch die gelehrteste Luther-Forschung kann dann nur noch die Funktion haben, den theologischen Anspruch Luthers ad absurdum zu führen. Das ist auch etwas. Nur sollte man wissen, was man tut, wenn man dies tut.

---

2. Über das 1. Buch Mose. Predigten. 1527, WA 24, 12,14ff.
3. Grund und Ursach aller Artikel D. Martin Luthers, so durch römische Bulle unrechtlich verdammt sind. 1521, WA 7, 317,5f.
4. AaO., 317,6f.

Die Einkehr in den theologischen Sachzusammenhang biblischer Texte hat ihre Notwendigkeit. Die »Not«, die »uns ... dringt, ... in die Bibel zu laufen«, ist letztlich ebenfalls die Erfahrung der Unsichtbarkeit Gottes. Doch diese Erfahrung stellt sich nun gerade nicht als Erfahrung der Unerfahrbarkeit Gottes dar, sondern vielmehr als die Erfahrung, von einer *unbestimmten* Unsichtbarkeit an eine *höchst bestimmte* Unsichtbarkeit Gottes verwiesen zu werden. Denn im Sachzusammenhang biblischer Texte wird die der ambivalenten Unsichtbarkeit Gottes entsprechende Unbestimmtheit Gottes durch den höchst möglichen Grad von Bestimmtheit überholt, so daß die Erfahrung der Unsichtbarkeit Gottes hier als Erfahrung dieser Überholung möglich wird. Zwar bleibt Gott auch dann, wenn »uns die Not dringt, ... in die Bibel zu laufen«, nur als der unsichtbare Gott erfahrbar. Doch im Gegensatz zur ambivalenten Unsichtbarkeit eines allererst durch menschliches Handeln bestimmbar werdenden Gottes wird die Unsichtbarkeit Gottes im Sachzusammenhang biblischer Texte als die *präzise* Unsichtbarkeit seiner konkreten Verborgenheit im Leben und Sterben des Menschen Jesus erfahrbar: als die Unsichtbarkeit des Gottes, der sich selbst dazu bestimmt hat, unter dem Gegenteil offenbar zu werden. *Deshalb* bezieht sich der Glaube auf »unsichtbare Dinge«. Denn der Glaube, der nichts anderes als glauben heißt, der sich also durch nichts – auch nicht durch die Menschlichkeit der menschlichen Tat – ersetzen läßt, ist geradezu definierbar als die menschliche Erfahrung der Selbstbestimmung Gottes. Es ist also nicht so, daß der Glaube prinzipiell auf Unsichtbares bezogen ist und *deshalb* auch Glaube an den unsichtbaren Gott ist. Umgekehrt gilt vielmehr, daß die Erfahrung der Selbstbestimmung Gottes, unter dem Gegenteil offenbar zu werden, den Glauben als Beziehung auf das Unsichtbare konstituiert. Unter der – falschen – Voraussetzung einer ambivalenten Unsichtbarkeit Gottes hingegen wäre die Bibel, wären deren Texte allemal nur Hinweise auf einen *abwesenden* Gott, von dem wir nicht sagen können, was er ist, sondern bestenfalls nur, was er nicht ist.

Man wird das Gewicht dieser – falschen – Prämisse nicht unterschätzen dürfen. Luthers Bedeutung für die gegenwärtige Theologie besteht für mich nicht zuletzt darin, daß er dieser heute wohl mehr als je zuvor herrschenden Prämisse und ihrer scheinbaren Plausibilität ein Verständnis der Bibel entgegengesetzt hat, das deren Texte – bzw. die ihnen entsprechenden Äußerungen der viva vox evangelii – statt als Hinweise auf einen abwesenden Gott vielmehr als Ereignisse verstand, in denen Gott *als Abwesender anwesend* ist. Das Selbstverständnis der gegenwärtigen Theologie ist jedoch weitgehend von jener großen Tradition beherrscht, die die Erfordernisse höchster Bestimmtheit und größter Allgemeinheit für die Rede von Gott nur *negativ* zu vereinigen wußte. Thomas von Aquin z. B. hat sich ausdrücklich auf die entsprechende These des Johannes Damascenus bezogen, es sei unmöglich, von Gott zu sagen, was er ist[5], und seinerseits behauptet, daß es das »Höchstmaß menschlicher Erkenntnis von Gott« sei, »daß man erkannt hat, Gott nicht zu kennen«[6]. »Von Gott können wir nicht wissen, was er ist, sondern was er nicht ist«[7]. Diese sozusagen sokratische Theologie hat, wenn man ihre faktische Bedeutung für die gegenwärtige Theologie mit der Luthers vergleichen wollte, einen unbestreitbaren Vorrang. Insofern man sowohl im Blick auf die unüberbietbare Allgemeinheit der Rede von Gott[8] als auch

---

5. Summa theologiae I, q. 1 a. 7 arg. 1: »in Deo quid est, dicere impossibile est«.
6. Quaestiones disputatae de potentia, q. 7 a. 5 ad 14: »illud est ultimum cognitionis humanae de Deo quod sciat se Deum nescire«.
7. Summa theologiae I, q. 3 introd.: »de Deo scire non possumus quid sit, sed quid non sit«.
8. Deus non est in genere!

im Blick auf die höchstmögliche Besonderheit[9] auf Grenzen der menschlichen Sprache stößt, scheint sich der alte Satz zu bestätigen, daß Gott nicht definierbar und unverwechselbar identifizierende Rede von Gott deshalb eigentlich nicht möglich sei. Angesichts dieses Dilemmas kann alles Reden von Gott im besten Fall nur gerade ein durch Reden präzisiertes Schweigen sein. Unverwechselbar ist nun nicht mehr die Rede, sondern eben das Schweigen von Gott. Doch ein Reden, das nichts anderes sein kann als der Anwalt des einzig angemessenen Schweigens, bewegt sich an der Grenze zur Resignation. Es bedarf dann nur noch eines so elementaren anthropologischen Vorganges wie der neuzeitlichen Entdeckung moralischer Autonomie mit der ihr korrespondierenden menschlichen Freiheitserfahrung, um die Rede von Gott in ihrer Unverwechselbarkeit vollends in Frage zu stellen. Theologie wird dann immer mehr zur Rede von allem und jedem – oder aber sie verstummt überhaupt. Das ist der Boden, das ist die hermeneutische Situation, in der dann so merkwürdige Phänomene wie ein »theologischer Atheismus« gedeihen, der nur noch vom Tode Gottes zu reden vermag – und dies nicht etwa als eine letzte Zuspitzung der Rede vom lebendigen Gott[10], sondern vielmehr nur als Rechtfertigung für den Abbruch der Rede von Gott.

In dieser Situation gegenwärtiger Theologie erscheint es mir hilfreich, sich von Luther an die andere, die wahre Bedeutung der Unsichtbarkeit Gottes und der ihr entspre-

9. Individuum est ineffabile!
10. Dies würde sich ja von Luthers Fassung der Lehre von der communicatio idiomatum her durchaus nahelegen. Daß die Rede vom Tode Gottes ursprünglich eine gute christologische Bedeutung hat und insofern für eine rechte Theologie eigentlich unentbehrlich ist, habe ich mehrfach dargelegt. Vgl. Vom Tod des lebendigen Gottes, in: Unterwegs zur Sache. Theologische Bemerkungen, 1972, 105–125; Das dunkle Wort vom Tode Gottes, in: Von Zeit zu Zeit. Betrachtungen zu den Festzeiten des Kirchenjahres, 1976, 15–63; Gott als Geheimnis der Welt. Zur Begründung der Theologie des Gekreuzigten im Streit zwischen Theismus und Atheismus, 1977.

chenden neutestamentlichen Behauptung erinnern zu lassen, »daß sich der Glaube auf Unsichtbares bezieht«. Die *verborgene Anwesenheit* Gottes ist der Grund dafür, daß der Glaube auf das Unsichtbare geht. ». . . dazu ist er [sc. Gott] nicht ferne, sondern nah bei euch . . . Denn wo seine Christen sind, da ist seine Wohnung, da ist er gewißlich, und ist nicht allein da, sondern will allda ein Gott sein, zu dem alle Herzen Zuflucht haben sollen, der alle Dinge gibt, tut und vermag . . . Aber hier ist es notwendig zu glauben, denn der Vater, der Richter, der Gott ist verborgen da gegenwärtig, seine Wohnung ist heilig, das ist: abgesondert, es kann niemand hinein sehen als der Glaube. Glaubst du, daß er Vater, Richter, dein Gott sei, dann ist er's.«[11] Nicht weil der Glaube aus einer allgemeinen Unsichtbarkeit dies und das und so auch Gott an das Licht bringt, sondern weil er an der verborgenen Gegenwärtigkeit Gottes partizipiert, indem er sich auf den Sachzusammenhang biblischer Texte als diejenige Bewegung einläßt, die von der ambivalenten Unsichtbarkeit weg zur präzisen Verborgenheit Gottes hin führt!

Luther hat denn auch seine Erinnerung, daß sich der Glaube auf das Unsichtbare bezieht, dahin weitergeführt, daß alles, was wir glauben, dazu unter dem Gegenteil verborgen sein müsse, damit der Glaube einen »Sitz im Leben« (locus) hat: »Es wird aber nicht tiefer verborgen als unter dem jeweiligen Gegensatz des Gegenstandes, der Wahrnehmung, der Erfahrung«. Und Luther fügt hinzu, daß dies aus seinen Schriften ja sattsam bekannt sei[12].

11. Deutsche Auslegung des 67. (68.) Psalmes. 1521, WA 8, 8,10–19.
12. De servo arbitrio. 1525, WA 18, 633,7–9.13f: »Ut ergo fidei locus sit, opus est, ut omnia quae creduntur, abscondantur. Non autem remotius absconduntur, quam sub contrario obiectu, sensu, experientia . . . Qui nostra legerunt, habent haec sibi vulgatissima.«

Sattsam *bekannt* sind diese Gedanken auch der Theologie unserer Tage. Sollen sie indessen *Bedeutung* für unser eigenes theologisches Denken gewinnen, so müßte dieses sich auf den Weg machen, der Gott nicht trotz, sondern vielmehr wegen seiner Offenbarung als den unsichtbaren Gott zu denken erlaubt. Und das müßte ein Weg sein, der das von Gott redende Wort als ein Ereignis versteht, das die Abwesenheit Gottes nicht überspielt, aber auch nicht abstrakt überhöht, sondern Gott *als Abwesenden anwesend* sein läßt[13]. Auf diesem Denkweg wird es letztlich darum gehen, die vagante Erfahrung der Unsichtbarkeit Gottes so zu lokalisieren, daß Gottes Unsichtbarkeit gerade nicht als negative Seite der Sichtbarkeit dieser Welt und unserer Weltwahrnehmung, sondern als die bestimmteste Verborgenheit Gottes *in* dieser Welt begreifbar wird – eine Verborgenheit, die ihre Bestimmtheit nicht zuletzt darin hat, daß der in ihr verborgene Gott als der *seinerseits Sehende* erfahrbar wird. Denn wenn Gott der seinerseits Sehende ist, dann kann Unsichtbarkeit auch im Blick auf ihn selbst und seine geistlichen Güter nicht das letzte Wort sein. In seiner Vorlesung über den 3. Vers des 121. Psalms (Er wird Deinen Fuß nicht gleiten lassen, und der Dich behütet, schläft nicht) läßt Luther zwischen der auf das Sichtbare fixierten Erfahrung, bzw. der entsprechend insistierenden ratio einerseits und Gott andererseits folgenden knappen Dialog stattfinden: »der Verstand sagt: ich nehme es so wahr. Aber der Herr sagt: ich sehe besser als du.«[14] Dieses

13. In Analogie zu einer bei Tische gemachten Äußerung Luthers über den Unterschied von philosophischen und theologischen Zeichen formuliert: es gilt, dieses Wort nicht als nota absentis rei, sondern als nota praesentis rei zu verstehen. Vgl. Tischreden. Nachschriften von Johannes Mathesius. 1540, WA.TR 4, 666,8f, Nr. 5106: »Duplicia sunt signa: Philosophica et theologica. Signum philosophicum est nota absentis rei, signum theologicum est nota praesentis rei«.
14. In XV Psalmos graduum. 1532/33, WA 40/III, 61,5f: »ratio: ego sentio. Dominus: ego melius sehe quam tu.«

kurze Streitgespräch hat es in sich. Indem Luther in diesem Dialog Gott sich als den besser Sehenden vorstellen läßt, wird das ganze Verhältnis von Sichtbarkeit und Unsichtbarkeit neu bestimmt. Die sichtbare Welt wird nicht etwa diskreditiert. Sie wird vielmehr *zusammengesehen* mit dem, was ihr an Zukunft bevorsteht und dem Weitblick Gottes bereits offenbar ist. Gerade in seiner präzisen Verborgenheit wird Gott als der besser Sehende identifizierbar.

Das gilt nicht nur im Blick auf den allgemeinen Gang der Weltgeschichte, sondern – untrennbar von diesem – zugleich hinsichtlich jeder besonderen Begebenheit in ihr. Denn der besser Sehende ist Gott letztlich insofern, als er selbst darüber entscheidet, was aus dem jeweils Seienden und Geschehenden *definitiv* wird. Gott sieht besser, weil sein Maßstab die Endgültigkeit und insofern die Definitivität aller Dinge ist. Diese Definitivität, mit der Gott selber sieht, steht nach Luther in engstem Zusammenhang mit der präzisen Verborgenheit, in der Gott selbst unter dem Gegensatz offenbar wird. In Anlehnung an eine – freilich häufig mißverstandene – Wendung in De servo arbitrio[15] könnte man auch sagen, daß nicht die Unsichtbarkeit des »in seiner Majestät verborgenen Gottes«, sondern die präzise Verborgenheit des sich in seinem Wort selber definierenden Gottes – »durch sein Wort hat er sich definiert«! – die Definitivität konstituiert, mit der Gott alles sieht und eben deshalb in jeder Hinsicht besser sieht[16]. Wird man doch die überlegene Wahrnehmungskraft Gottes nicht nur als übergroße Steigerung menschlichen Weitblicks und entsprechender Weitsicht verstehen dürfen, sondern als eine qualitativ andere Art der Anschauung, durch die allererst

15. WA 18, 685,21–24: »Caeterum Deus absconditus in maiestate neque deplorat neque tollit mortem, sed operatur vitam, mortem et omnia in omnibus. Neque enim tum verbo suo definivit sese, sed liberum sese reservavit super omnia.«

16. Vgl. E. Jüngel, Quae supra nos, nihil ad nos. Eine Kurzformel der Lehre vom verborgenen Gott – im Anschluß an Luther interpretiert, in: Entsprechungen: Gott–Wahrheit–Mensch. Theologische Erörterungen, 1980, 227–232.

wird, was Gott sieht. Gottes Anschauung ist per definitionem schöpferisch.

Inwiefern diese qualitativ andere Art, in der Gott sieht, zutiefst mit seiner eigenen präzisen Unsichtbarkeit zusammenhängt, möchte ich mit einem Hinweis auf einige der »Theologica paradoxa« der Heidelberger Disputation[17] erläutern, deren Thesen ja zumindest auch an der Aufgabe einer theologischen Bestimmung des Verhältnisses von Sichtbarkeit und Unsichtbarkeit orientiert sind. Der Zusammenhang erhellt sich, wenn man die 20. und die 28. These parallel liest. So wie Gott gerade als ein im Leiden verborgener sichtbar, wie er gerade als der in der Niedrigkeit und Schande des Kreuzes verborgene Gott erkennbar wird[18], weil er allein im leidenden und sterbenden Menschen Jesus als Gott *identifizierbar* sein will, so bezieht er sich liebend auf sein menschliches Geschöpf, indem er gerade nicht das Liebenswerte, das den Blick entzückt, sondern dessen Gegenteil liebt, den in seiner Sünde durch und durch häßlichen Menschen, der durch Gottes Liebe allererst liebenswert wird: »Die Liebe Gottes findet das ihr Liebenswerte nicht vor, sondern sie erschafft es.«[19] »Denn die Sünder sind deshalb schön, weil sie geliebt werden, sie werden aber nicht deshalb geliebt, weil sie schön sind.«[20] Es ist geradezu aufregend, daß Luther hier – im Gegensatz zur Unsichtbarkeit Gottes, die der »theologus gloriae« zu erkennen sucht – die präzise Verborgenheit Gottes im Leben, Leiden und Sterben Jesu Christi unter dem Begriff der *visibilia* Dei[21], unter Berufung auf das, was

17. Disputatio Heidelbergae habita. 1518, WA 1, 353,11.
18. Vgl. aaO., 362,4–14.
19. AaO., 365,2f: »Amor Dei non invenit sed creat suum diligibile.«
20. AaO., 365,11f: »Ideo enim peccatores sunt pulchri, quia diliguntur, non ideo diliguntur, quia sunt pulchri.«
21. AaO., 362,4: »Posteriora et visibilia Dei sunt opposita invisibilium, id est, humanitas, infirmitas, stulticia . . .« Vgl. dazu L. Grane, Modus loquendi theologicus. Luthers Kampf um die Erneuerung der Theologie (1515–1518), Leiden 1975, 150f. Der Begriff »posteriora Dei« spielt auf Ex 33, 23 an.

an Gott *sichtbar* ist, zur Sprache bringt und damit Gottes eigenes Sein als *inmitten* der sichtbaren Welt sich gegen diese durchsetzendes Ereignis zu verstehen gibt, wobei gerade der sich in der sichtbaren Welt gegen diese durchsetzende Gott der Welt Bestes sucht. Denn die Pointe dieser »in dem gekreuzigten Christus« lokalisierten »wahren Theologie und Erkenntnis Gottes« ist ja durchaus das Ereignis der Liebe, die als eine »am Kreuz entstandene Liebe« das Böse zum Guten wendet: »die Liebe Gottes, die im Menschen lebendig ist, liebt die Sünder, die Schlechten, die Toren, die Schwachen, um sie gerecht, gut, weise und stark zu machen, und so strömt sie viel mächtiger aus und verschenkt das Gute ... Und darin besteht die Liebe des Kreuzes, die aus dem Kreuz geboren ist, daß sie sich nicht dorthin wendet, wo sie das Gute findet, um es zu genießen, sondern wo sie es dem Armen und Bedürftigen zuteilen kann«[22].

Die Eigenart der am Kreuz Christi identifizierbar gewordenen Liebe Gottes gibt Auskunft über die Besonderheit der göttlichen Anschauung. Luther hebt die Liebe Gottes (amor dei) und die ihr entsprechende Kreuzes-Liebe (amor crucis) von der Struktur der an ihrem Gegenstand allererst entstehenden menschlichen Liebe ab, indem er die Eigenart menschlicher Liebe von der Eigenart des menschlichen Verstandes her erklärt. Diese Erklärung macht die besondere Qualität, kraft deren Gott »besser sieht«, vollends deutlich. Der natürliche Mensch kann nämlich deshalb nicht in der Weise des amor crucis lieben, weil sein intellectus sich nicht auf das bezieht, was *nichts* ist, sondern nur auf das, was ist, was wahr ist und was gut ist. Dementsprechend *urteilt* dieser intellectus nach der sichtbaren Erscheinung:

22. AaO., 365,9f. 13–15: »amor Dei in homine vivens diligit peccatores, malos, stultos, infirmos, ut faciat iustos, bonos, sapientes, robustos et sic effluit potius et bonum tribuit ... Et iste est amor crucis ex cruce natus, qui illuc sese transfert, non ubi invenit bonum quo fruatur, sed ubi bonum conferat malo et egeno.«

»Der Verstand kann von Natur aus sich nicht mit dem befassen, was nichts ist, d. h. mit dem Armen oder Dürftigen, sondern mit dem, was ist, mit dem Wahren und Guten. Deshalb urteilt er nach dem Schein und nimmt das Äußere der Menschen wahr und urteilt nach dem, was vor Augen ist usw.«[23] Demnach ist umgekehrt der bessere Blick Gottes gerade dadurch ausgezeichnet, daß er sich auf das (in der Gestalt des Kreuzestodes Jesu Christi überhaupt erst als es selbst artikulierbar gewordene) *Nichts* richtet und entsprechend innerhalb des geschaffenen Seins dasjenige beachtet, das mehr vom Nichts als vom Sein, mehr vom Mangel als vom Vollbesitz seiner Möglichkeiten bestimmt ist. Diese göttliche Blickrichtung ist deshalb die bessere, weil in ihr die *schöpferische* Liebe am Werk ist, die sich das geliebte Gegenüber allererst schafft, indem sie es schön und liebenswert macht. Wo der Blick der göttlichen Liebe hinfällt, da *entsteht* ein liebenswertes Objekt dieser Liebe, da wird aus dem der Liebe ganz und gar nicht würdigen, in sich selbst verkrümmten, häßlichen Sünder in den Augen Gottes und eben deshalb auch in Wahrheit ein in seiner neuen Gerechtigkeit aufrechter, Gott entsprechender Mensch. Diese schöpferische Kraft gibt der göttlichen Anschauung ihre über das Seiende entscheidende Definitivität. Der alte Satz *ubi amor, ibi oculus* (die Liebe öffnet die Augen – und wie!) gewinnt hier seine tiefste Bedeutung, insofern der *amor crucis* die Augen für das öffnet, was aus dem Nichts und dem Nichtigen allererst werden soll. Die traditionelle metaphysische, an Psalm 33,9 erinnernde Lehre von der »ursprünglichen Anschauung«, vom intuitus originarius – durch den allererst, wie Kant[24] erinnert, »das Dasein des Objekts der Anschauung gegeben wird«, wes-

23. AaO., 365, 17–20: »Cum tamen obiectum intellectus naturaliter esse non possit, id quod nihil est, id est, pauper vel egenum, sed entis, veri, boni. Ideo iudicat secundum faciem et accipit personam hominum et iudicat secundum ea quae patent &c«.
24. I. Kant, Kritik der reinen Vernunft. 1787², B 72.

halb ein solcher intuitus originarius »nur dem Urwesen zukommen kann« – hat hier eine an der Theologie des Kreuzes gewonnene Umgestaltung erfahren, deren Bedeutung bisher viel zu wenig beachtet und fruchtbar gemacht, geschweige denn ausgelotet worden ist. Einige Implikationen sollen wenigstens genannt werden.

4. Hermeneutische Konsequenz: metaphorischer Sprachgewinn

Die Umgestaltung der alten Lehre vom göttlichen intuitus originarius durch dessen Interpretation im Sinne des amor crucis hält das Angebot eines modus loquendi theologicus bereit, dessen ungeheurer Vorzug darin besteht, den elementaren *materialen* Gehalt des christlichen Glaubens für die *hermeneutische* Frage nach der Möglichkeit angemessener Rede von Gott fruchtbar werden zu lassen. Gerade die äußerste Konzentration auf den Christus crucifixus führt zu einer Intensivierung der Wahrnehmungskraft, die in einer theologischen Weise »der Erde treu« zu bleiben und »die Phänomene zu retten« erlaubt.

Auch hier geht es zunächst um eine Unterscheidung. Denn was von Gottes besserer Sehkraft gesagt wurde, gilt analog durchaus auch von den Augen des Glaubens, aber eben nicht für die Wahrnehmungskraft der Vernunft. Ihre Blickrichtung ist verschieden. So wie allein der Glaube den unter dem Gegensatz verborgenen Gott sehen kann – denn »durch den eingeborenen Sohn und durchs Euangelion lernt man Gott gerade ins Angesicht sehen«[25] –, so sieht der Glaube auch die Welt, insofern er Gott in ihr wirken sieht, im Licht des Wortes dieses Gottes. Er unterscheidet sich dabei von der Wahrnehmungskraft der Vernunft, die in ihrem eigenen Licht erkennt, was die Weltlichkeit der Welt

---

25. Auslegung des ersten und zweiten Kapitels Johannis. 1537/38, WA

40

ausmacht: »In zeitlichen Dingen, die den Menschen angehen, da ist der Mensch vernünftig genug, da bedarf er keines anderen Lichtes als des Lichtes der Vernunft. Darum lehret auch Gott in der Schrift nicht, wie man Häuser bauen, Kleider machen, heiraten, Kriege führen, mit Schiffen fahren oder dergleichen tun soll, daß sie geschehen; denn dazu ist das natürliche Licht genug.«[26] Dasselbe natürliche Licht erweist sich aber als Finsternis, wenn die Vernunft darüber hinaus meint erkennen zu können, wie »man Gott gefalle und selig werde«[27]. Wenn die Vernunft das ihr anvertraute Geschäft der Welterkenntnis in der Anmaßung verrichtet, »als sei es Gottesdienst, und ist's doch nicht«[28], dann verwechselt sie Licht und Finsternis. Denn »in göttlichen Dingen, das ist: in denen, die Gott angehen, dahin zu wirken, daß es Gott angenehm sei und man so selig werde, dafür ist die Natur stockstarr und gar blind«[29]. Ja, es ist für Luther der Ursprung aller Abgötterei, wenn die Vernunft so vermessen ist, daß sie ihre eigene »grobe Finsternis« in göttlichen Dingen »aufwirft für ein Licht und will's nicht lassen Finsternis sein . . . Siehe, da kommt her alle Abgötterei«[30]. Im Gegensatz zu jener scholastischen Tradition, die das natürliche Licht der Vernunft für ein »Mittel-Licht« ausgibt, das zwar im Vergleich mit Jesus Christus als dem ewigen Licht wie Finsternis wirke, aber für sich selbst genommen, »in ihm selber ein Licht sei«[31], erkennt Luther der Vernunft zwar durchaus eine die Welt weltlich *erhellende,* eine aufklärende Kraft zu, die jedoch als ganz und gar *verdunkelnd* identifiziert werden muß, wenn sie auch da aufklären zu können beansprucht, wo das ewige Licht leuchtet und »der

46, 673,8f.
26. Kirchenpostille. 1522, WA 10/I.1, 531,6–11.
27. AaO., 532,1f.
28. AaO., 531,23.
29. AaO., 531,11–13.
30. AaO., 532,14–16.
31. AaO., 529,4.6

Welt einen neuen Schein« gibt. Hier gilt vielmehr: »wo nicht Christus ist, da ist Finsternis, es scheine, wie groß und hell es immer mag, und leidet nicht das Mittel, von den hohen Schullehrern erdichtet, da sie sagen, es sei zwischen der Finsternis und Christo das natürliche Licht und menschliche Vernunft gegeben«[32]. Der Glaube hält sich, weil er die Welt mit den Augen des besser sehenden Gottes ansieht, an diejenige Erhellung der Welt, zu der diese von sich aus nicht fähig ist. Insofern sieht er die Welt anders an, als die Vernunft sie anzusehen vermag. Ist er doch an dem *Neuen* orientiert, das die Welt selber nicht hervorbringen kann und das ihr eben deshalb näher ist, als sie sich selber jemals nahe zu sein vermag.

Indem der Glaube die Aufklärung, die im Lichte des Evangeliums geschieht, gelten läßt, indem er also allein das Wort Gottes beachtet und »siehet kein ander Ding an«, sieht er sich selbst und deshalb alle Dinge im rechten Licht: »In dem Glauben muß man alle Ding neben dem Wort Gottes aus den Augen tun. Wer sich etwas anderes vor die Augen bilden läßt als eben dasselbe Wort, der ist schon verloren. Der Glaube hängt allein dem Wort bloß und lauter an, wendet die Augen nicht davon, siehet kein ander Ding an . . . Darum, wenn nun einer sterben soll und der Tod kommt und er nun siehet, wo er hinaus will, wo er den ersten Tritt hin tun will, so kommt denn der Teufel und bildet ihm vor, wie greulich und schrecklich der Tod ist, dazu sieht er die Höll' und Gottes Gerichte vor sich: so hat der Teufel gewonnen, denn da ist kein Hilf, solang er das vor Augen sieht. Wenn er klug wäre und also tät, daß er ihm kein ander Bild ließ ins Herz bilden, und blieb allein an

32. AaO., 528,21–529,2. Die Klarheit, mit der Luther der Vernunft die Möglichkeit rechter Gotteserkenntnis bestreitet, gewinnt dadurch noch an Schärfe, daß er der Vernunft durchaus die Möglichkeit zuerkennt, die Existenz eines helfenden (!) Gottes zu postulieren, ohne sie freilich als die Existenz des wahren Gottes identifizieren zu können, so daß die Vernunft Blindekuh mit Gott spielt (Der Prophet Jona ausgelegt. 1526, WA 19, 205,27–207,14).

diesem Wort Gottes hängen, so blieb er am Leben, denn das Wort ist lebendig. Darum, wer sich daran hält, der muß bleiben, wo das lebendig und ewig Wort bleibt.«[33] Der Glaubende sieht die Welt – und sich selbst – mit den Augen des in das Nichts blickenden schöpferischen Gottes. Deshalb nimmt der Glaube mitten im Vergehen neues Werden wahr. Daß das hermeneutische Konsequenzen von Rang hat, läßt sich an der metaphorischen Eigenart der Sprache des Glaubens deutlich machen.

Zu den in der hermeneutischen Diskussion viel zitierten, aber selten durchdachten Sätzen Luthers gehört die – gern fundamentalistisch mißbrauchte – These 20 der Disputatio de divinitate et humanitate Christi[34], die als notwendig und gewiß deklariert: »alle Wörter nehmen in Christus eine neue Bedeutung an, auch wenn sie dieselbe Sache bezeichnen«. Obwohl die analoge Wendung von der Notwendigkeit einer Taufe der Begriffe[35] einen deutlichen Wink zum sprachlogischen Verständnis dieser These gibt, wird auch diese Wendung nur zu gern ausschließlich erbaulich genommen. Man muß sich jedoch an die Bedeutung der Taufe als eines den alten Adam ersäufenden Bades, aus dem herauskommt und aufersteht ein neuer Mensch, erinnern, um zu begreifen, was gemeint ist. So wie die christliche Taufe ein und dasselbe Ich in einen alten und neuen Menschen zu unterscheiden erlaubt und zwingt, wobei zwischen beiden keine andere Kontinuität waltet als die des aus dem Nichts schaffenden Wortes Gottes, so gewinnen auch die Worte unserer Sprache in Christo zusätzlich zu ihrer alten eine neue Bedeutung, die es erlaubt, ein und demselben Seienden *neues Sein* zuzusprechen. Dabei legt

---

33. Predigt am 21. Sonntag nach Trinitatis, 9. November 1522, WA 10/III, 423,17–21.28–424,4.
34. 1540. WA 39/II, 94,17f: »omnia vocabula in Christo novam significationem accipere in eadem re significata.«
35. Vgl. z. B. die Promotionsdisputation von Palladius und Tilemann. 1537, WA 39/I, 229.

Luther, wie er vor allem Zwingli gegenüber herausstellt, größten Wert darauf, daß in solchem metaphorischen Sprachgebrauch nicht etwa uneigentlich, sondern sehr wohl eigentlich geredet wird. »Vom Wesen redet man in solchen Sprüchen, was einer sei, und nicht, was er bedeute, und macht über seinem neuen Wesen auch ein neu' Wort«, wie die Grammatik lehrt. »Dieselbe Kunst lehrt, wie ein Knabe soll aus einem Wort zwei oder drei machen oder wie er einem und demselben Wort einen neuen Brauch und mehrere Deutungen geben möge.«[36] So gewinnt zum Beispiel das Wort Fels, wenn es metaphorisch gebraucht wird, bei bleibender proprie-Bedeutung – eadem re significata – eine im *Ereignis* des Sprachgebrauchs neue Bedeutung, die zwar an den Fels im Gebirge denken läßt, aber doch gerade nur, um von ihm wegzuweisen auf den Menschen, von dem gesagt wird, wer sich auf ihn verlasse, habe auf Fels gebaut. Mit dem »erneuerten Wort« erschließt sich ein neuer Bedeutungsbereich. Oder statt vom Wortgebrauch her von dem metaphorisch zu Benennenden her formuliert: diesem wird, indem ein Wort in neuer Bedeutung von ihm prädiziert wird, neues Sein zugesprochen. Solches innovatorische Erschließen neuer Bedeutungsbereiche vollzieht sich in aller metaphorischen Rede.

Bereits in seiner Schrift gegen Latomus geht Luther ausführlicher auf die Eigenart metaphorischer Rede ein. Während Latomus ein und demselben Wort – es geht im konkreten Streitfall um das Verständnis von »Sünde« – mehrere Bedeutungen zuerkennt, die es von vornherein hat, geht Luther von der Eindeutigkeit des Wortes (simplex et univoca vox[37]) aus, um dann einzuräumen, daß solche eindeutigen Worte häufig metaphorisch gebraucht werden. Die metaphorische Bedeutung darf dem Wort aber gerade nicht von Hause aus zukommen, da man es dann mit einer

---

36. Vom Abendmahl Christi. Bekenntnis. 1528, WA 26, 274,5–7; 271,10–12.
37. Rationis Latomianae confutatio. 1521, WA 8, 83,34.

bloßen Äquivokation zu tun hätte, die bereits im Lexikon als andere Bedeutung desselben Wortes ausgewiesen werden müßte, während die Metapher ja gerade einen gegenüber dem im Lexikon festgestellten üblichen Sprachgebrauch neuen Gebrauch desselben Wortes darstellt. Sie repräsentiert das Ereignis innovatorischer Freiheit in der Sprache, so daß sie gerade eine der lexikalischen proprie-Bedeutung gegenüber neue Bedeutung eröffnet, die etwas anderes darstellt als eine bloße Äquivokation. Wollte man hingegen jede bildliche (figürliche) Redeweise als lexikalische Wortbedeutung identifizieren und damit so viele Vokabeln aufführen, wie es bildliche Übertragungen (figurae) gibt, ginge der Sinn metaphorischer Redeweise, nämlich ihre innovatorische Freiheit, gerade verloren[38]. Was wäre das für ein Lexikon, spottet Luther, das die außerordentlichen Neuerungen metaphorischer Rede als eigentliche Bedeutungen aufzuführen hätte, also z. B. zu dem Wort »tunica« sowohl »Hemd« als auch – wegen eines entsprechenden metaphorischen Gebrauchs bei dem römischen Dichter Persius[39] – »Zwiebelschale« zu notieren hätte: »Aber was wird das dann für ein Lexikon sein . . .? Und wenn du diese außerordentlichen Neuerungen zu eigentlichen Bedeutungen machen willst, wo wird da ein Ende sein?«[40] Das führt am Ende zu einer babylonischen Sprachverwirrung[41], insofern aus *einer Vokabel* möglichst *viele Vokabeln* gemacht werden, statt, wenn irgend möglich von einer einzigen Grundbedeutung auszugehen und die wechselnde Bedeu-

---

38. AaO., 86,29f: »Haec eo dicta putentur, ut probetur, scripturam esse refertam figuris, non tot significata et vocabula faciamus, quot fuerint figurae, alioqui quid opus figuris?« Zum Ausdruck figura vgl. auch: Evangelium von den zehn Aussätzigen. 1521, WA 8, 386–397, und: Daß diese Wort Christi »Das ist mein leib« noch fest stehen. 1527, WA 23, 219,15–28.
39. Vgl. Satiren IV, 30.
40. WA 8, 84,2–10: »Sed quodnam tum lexicon erit . . . Et has egregias innovationes si velis proprias significationes facere, quis erit finis?«
41. AaO., 84, 18f: »Hinc natae illae aequivocationes . . . sine causa et quaedam Babylonica confusio verborum.«

tung nur auf den (in Freiheit möglichen, aber eben nicht notwendigen) übertragenen Gebrauch derselben Vokabel zurückzuführen[42]. Geht man aber von der univoken proprie-Bedeutung eines Wortes aus, dann wird der übertragene Sprachgebrauch eine wunderbare Gedächtnis- und Verstehenshilfe und ein Vergnügen für das Gemüt. Luther wundert sich selber darüber, daß die metaphorische Redeweise eine derartige »Energie« hat und den Menschen so »potent« anzusprechen und zu bewegen vermag. »Denn ich weiß nicht, woher es kommt, daß die figürliche Rede eine solche Energie hat, daß sie so mächtig ins Gemüt dringt und es bewegt, daß jeder Mensch von Natur seine Lust daran hat, bildliche Rede zu hören und zu sprechen.«[43]

Im Horizont dieses allgemeinen Grundzuges metaphorischer Rede erkennt Luther der Metapher nun aber noch eine spezifisch theologische Funktion zu, die er christologisch begründet. Die paulinische Behauptung, Gott habe den, der von keiner Sünde wußte, für uns zur Sünde gemacht[44], besagt nach Luther, »Christus . . . ist für uns in metaphorischem Sinn zur Sünde gemacht«[45]. Dabei wird die Grundbedeutung von peccatum, der gemäß die Sünde einen Menschen zum Sünder macht, beibehalten, jedoch nun in dem Sinne übertragen gebraucht, daß *dieser Sünder Christus* sich von allen anderen Sündern insofern unterscheidet, als er selber keine Sünde begangen hat. Die traditionelle Regel der Metaphernbildung κατ' ἀνάλο-

---

42. AaO., 86, 17–20: »Obsecro, . . . iustum autemne est tot vocabula ex uno multiplicare, cum possis vel omnia vel plurima in unum significatum colligere et figuris solis variare?«
43. AaO., 84,24f: »Nescio enim, quae sit figurarum energia, ut tam potenter intrent et afficiant, ita ut omnis homo natura et audire et loqui gestiat figurate.«
44. 2 Kor 5,21 liegt offensichtlich zugrunde, wenn Luther formuliert: »Christus dum offerretur pro nobis, factus est peccatum . . .« (aaO., 86,31f).
45. Ebd.: »Christus . . . factus est peccatum metaphorice.«

γον[46], der gemäß in der Metapher ein gewisser Unterschied zu der üblicherweise mit diesem Wort bezeichneten Sache zur Sprache kommen muß, »da ja Ähnlichkeit nicht Identität ist«[47], ist also erfüllt, wenn Christus als Sünde oder Sünder bezeichnet wird, ohne daß ihm damit zugeschrieben wird, er habe selber gesündigt: »Christus . . . ist zur Sünde gemacht in metaphorischem Sinn, da er einem Sünder in allem so ähnlich gewesen ist, verdammt, verlassen, verstoßen war, daß er sich durch nichts von einem wahren Sünder unterschied, außer daß er die Schuld und die Sünde, die er trug, nicht selbst getan hatte«[48]. In diesem Sinne, nämlich im Sinne einer translatio (μεταφορά, bzw. ἐπιφορά) secundum similitudinem (aber nicht secundum identitatem) reden auch die Texte Röm 8,3[49] und Hebr 4,15[50] von der Ähnlichkeit Christi mit unserer sündigen Existenz. Der *Inhalt* solcher neutestamentlicher Aussagen geht nun aber nach Luther über den metaphorischen Gebrauch bloß des Wortes »Sünde« hinaus, insofern diese Sätze besagen, daß unsere Sünde auf Christus *tatsächlich* übertragen worden ist. In kühner Wendung gibt Luther der *grammatischen* Figur der μεταφορά *ontische* Relevanz: »Und in dieser Übertragung liegt nicht nur eine solche der Worte vor, sondern auch der Dinge. Denn auch in Wahrheit sind unsere Sünden von uns weg übertragen und auf ihn gelegt, so daß ein jeder, der eben dies glaubt, in Wahrheit keine Sünden hat; sie sind vielmehr auf Christus übertragen, in ihm sind sie verschlungen und verdammen ihn nicht

46. Vgl. Aristoteles, Poetik 1457b 16ff; 1458a 18ff; Rhetorik 1405a 10f.
47. WA 8, 87,2f: »Oportet autem in metaphora aliquam differentiam esse a re vera, quia similitudo (ut aiunt) non identitas est.«
48. AaO., 86,31–34: »Christus . . . factus est peccatum metaphorice, cum peccatori ita fuerit per omnia similis, damnatus, derelictus, confusus, ut nulla re differret a vero peccatore, quam quod reatum et peccatum, quod tulit, ipse non fecerat.«
49. Misit deus filium in similitudinem carnis peccati.
50. Tentatum per omnia pro similitudine absque peccato.

mehr . . .«[51] In diesem Sinn hat Paulus Röm 8,3[52] von der Sünde gehandelt: Gott hat, indem er unsere Sünde auf Christus *übertrug* und so diesen zur Sünde machte, die Sünde durch die Sünde verdammt[53].

Wir haben es also mit einem *Ereignis des Seins* zu tun, wenn wir es mit dem *Sprach-Ereignis* christologischer Metaphern zu tun haben. Die translatio verborum impliziert eine translatio rerum. Die grammatische μεταφορά wird sozusagen ontologisch redupliziert[54]. Luther verwendet die Figur der Metapher ihrerseits metaphorisch, und zwar nicht, um eine uneigentliche Redeweise noch uneigentlicher werden zu lassen, sondern um die christologisch-soteriologische Metapher kraft ontologischer Reduplikation als eigentliche Redeweise zu erweisen: derart, daß eine geschehene Seinsübertragung in der ihr entsprechenden Wortübertragung definitiv zur Sprache kommt. Das hat aber nur dann einen Sinn, wenn in der Person Jesu Christi der das Sein dem Nichts aussetzende und aus dem Nichts wiederum neues Sein hervorbringende Gott so am Werke ist, daß in Kreuz und Auferstehung Jesu Christi der Gegen-

---

51. AaO., 87,6–10: »Et in hac translatione non solum est verborum, sed et rerum metaphora. Nam vere peccata nostra a nobis translata sunt et posita super ipsum, ut omnis qui hoc ipsum credit, vere nulla peccata habeat, sed translata super Christum, absorpta in ipso, eum amplius non damnent . . .«

52. Et de peccato damnavit peccatum.

53. AaO., 87,28–30: »de peccato illo, quod Christum esse fecit translato nostro in illum, damnavit peccatum nostrum«.

54. Im christologischen Streit um die eucharistische Gegenwart Christi wiederholt Luther diese hermeneutisch-ontologische These, insofern er der von Zwingli – mit der Tradition – gelehrten bloß verbalen Alloiosis, die es als *uneigentliche* Redeweise gestattet, von der menschlichen Natur Christi Eigenschaften seiner göttlichen Natur zu prädizieren und umgekehrt, eine reale communicatio idiomatum entgegensetzt, die einen geschehenen Seinswechsel als Wortwechsel zur Sprache bringt. Vgl. z. B. Vom Abendmahl Christi. Bekenntnis. 1528, WA 26, 319,29–40; 321,19–26; 322,3–5. Disputatio de sententia: Verbum caro factum est (Joh 1,14), 1539, WA 39/II, 12,28f. Dazu E. Jüngel, Vom Tod des lebendigen Gottes, in: Unterwegs zur Sache, 1972, 112–116.

satz von Leben und Tod, von Sein und Nichtsein zugunsten neuen Seins und ewigen Lebens zum Austrag kommt.

Die besondere Pointe der *Sprache des Glaubens* innerhalb des allgemeinen hermeneutischen Grundzugs metaphorischer Rede besteht dann darin, daß der durch den amor crucis gelenkte Blick auf das Nichts einen *schlechthinnig neuen* Bedeutungsbereich erschließt, so daß nunmehr das geschaffene Seiende als *ex nihilo neu* werdend und das heißt zugleich: auf den größten aller denkbaren Gegensätze, nämlich den von Tod und Leben, als einen *überwundenen Gegensatz* verweisend zur Sprache kommen kann. Der dem amor crucis entsprechende modus loquendi theologicus ist der modus innovatorischen Redens. Insofern er bei allen seinen Aussagen den Gegensatz von Leben und Tod, von Gottes Heiligkeit und unserer Sünde, von Sein und Nichtsein als einen versöhnten, als überwundenen Gegensatz mitnennt, erschließt er dieser Welt einen eschatologisch neuen Sinn, der es nun auch erlaubt, *definitiv* zu reden. Als innovatorisches Reden ist der modus loquendi theologicus ein definitives Reden. Es dürfte deshalb geradezu ein Kriterium rechter Theologie sein, ob sie es wagt, für sich den Anspruch zu erheben, gerade als innovatorisches Reden definitiv zu sein. Es ist im höchsten Maße aufregend, wie hier Christologie und Rechtfertigungslehre unmittelbar in die hermeneutische Problematik christlicher Rede eingreifen. Die Rede vom besser sehenden Gott erschließt, wenn man ihr auf den Grund geht, eine Dimension der Theologie Luthers, deren Bedeutungspotential gerade in unserer linguistisch so beflissenen Gegenwart gar nicht hoch genug veranschlagt werden kann.

5. Anthropologische Konsequenz:
der Mensch als das Wesen, an dem Gott baut

Man kann sich das am besten an der sogenannten theologischen Anthropologie klar machen. Anthropologie ist selber eine ausgesprochen neuzeitliche Wissenschaft[55]. Mit ihrem Entstehen als eine eigene wissenschaftliche Disziplin geht jedoch paradoxerweise das zunehmende Unvermögen einher, über den Menschen definitive Aussagen zu machen. Je mehr wir von ihm wissen, desto weniger können wir sagen, was das ist: der Mensch. Und je weniger wir den Menschen in seinem Wesen begreifen, desto sinnloser erscheint uns das Dasein überhaupt. Stellvertretend für viele analoge Äußerungen sei an die berühmten Sätze Schellings erinnert: »Weit entfernt . . ., daß der Mensch und sein Thun die Welt begreiflich mache, ist er selbst das Unbegreiflichste, und treibt mich unausbleiblich zu der Meinung von der Unseligkeit alles Seyns, einer Meinung, die in so vielen schmerzlichen Lauten aus alter und neuer Zeit sich kundgegeben. Gerade Er, der Mensch, treibt mich zur letzten verzweiflungsvollen Frage: warum ist überhaupt etwas? warum ist nicht nichts?«[56] In unseren Tagen schrieb E. Bloch: »Man weiß nicht, wer wir sind. Nicht, woher wir kommen, wohin wir gehen. Beides muß im ständigen Zusammen gedacht und besorgt werden.«[57]
Was heute in Philosophie und Theologie als sogenannte *Sinnfrage* erörtert wird, hängt also auf das engste mit der Erfahrung der Unbegreiflichkeit und der Resignation gegenüber der Möglichkeit einer Definition des Menschen zusammen. Der Mensch läßt sich nicht definieren, homo

55. Zur Orientierung vgl. O. Marquard, Art. Anthropologie, in: HWP I, 362–374.
56. F. W. J. Schelling, Philosophie der Offenbarung, Sämmtliche Werke, hg. von K. F. A. Schelling, Bd. II/3, 1858, 7.
57. E. Bloch, Experimentum Mundi. Frage, Kategorien des Herausbringens, Praxis, Gesamtausgabe, Bd. 15, 1975, 239.

definiri nequit – das ist die Grundüberzeugung der modernen Anthropologie. Und erst auf dem Boden dieser Grundüberzeugung kommt es überhaupt zu der Frage nach dem Sinn des Lebens, des Daseins. Nach dem Sinn wird erst dann gefragt, wenn erfahren wird, daß er fehlt.

Theologie hat diese Situation zur Kenntnis zu nehmen. Sie hat in ihr, nicht an ihr vorbei ihre Pflicht zu tun. Doch zu ihrer Pflicht gehört nun eben, definitiv vom Menschen zu reden. Zwar wird sie sich in ganz besonderer Weise auch zur historischen Aufklärung des Tatbestandes verpflichtet fühlen, daß der neuzeitliche Mensch den in seiner Herrlichkeit einst als undefinierbar geltenden Gott – »deus definiri nequit«! – gerade im Blick auf dessen Undefinierbarkeit beerbt hat. Es dürfte das wohl damit zusammenhängen, daß die These von der Undefinierbarkeit Gottes ein *bestimmtes* Reden von Gott unter falscher Berufung auf den Geheimnischarakter der Offenbarung nur noch als *kirchliches* Reden zuließ, während im Forum *weltlicher* Auseinandersetzungen die Vernunft von einem unbestimmbaren Gott auf höchst bestimmte Weise zu schweigen begann: »er soll . . . überhaupt gar nicht gedacht werden, weil dies unmöglich ist«, schreibt Fichte, um gerade so der Gottheit Gottes zu genügen[58]. Wird Gott aber überhaupt gar nicht gedacht, so wird es schwerfallen, den Menschen aus dem Gegenüber zum unendlichen Gott zu begreifen. Wird aber der Mensch nicht mehr aus dem Gegenüber zu dem unendlichen Gott begriffen, dann wird er selber gerade in seiner Endlichkeit unbegreiflich und undefinierbar. Er beerbt als endliches Wesen den unendlichen Gott, indem er statt diesen nunmehr sich selbst als unbegreiflich begreift und deshalb für undefinierbar hält.

Die Pflicht zur historischen Aufklärung einer solchen Ge-

---

58. J. G. Fichte, Der Herausgeber des philosophischen Journals gerichtliche Verantwortungsschriften gegen die Anklage des Atheismus, Sämmtliche Werke, hg. von J. H. Fichte, Bd. 5, 1845, 266.

nesis darf die Theologie jedoch nicht von der dogmatischen Aufgabe ablenken, ihr innovatorisches Reden in definitiven Aussagen über den Menschen zu bewähren. Ich habe beim Studium von Luthers Disputatio de homine (1536) gelernt, daß der Mensch theologisch nur dann verstanden wird, wenn sein Sein als wohldefiniert gelten kann: »Die Theologie aber definiert aus der Fülle ihrer Weisheit den ganzen und vollkommenen Menschen.«[59] Dabei wird allerdings zugleich über das Verständnis von Definieren mit zu entscheiden sein. Definiert wird der Mensch nach Luther jedenfalls nicht per genus proximum et differentiam specificam, sondern vielmehr durch ein Geschehen, das ihm widerfährt: »Paulus ... faßt die Definition des Menschen kurz zusammen, wenn er sagt, daß der Mensch durch den Glauben gerechtfertigt wird«[60]. Der Mensch ist damit als ein Wesen der Spannung, als ein Wesen äußerster Spannung definiert, das zwischen Sünde und Gerechtigkeit existiert, aber nun eben so, daß über ihn gerade nicht seine Sünde, sondern vielmehr Gottes Gerechtigkeit entscheidet. Angesichts der unbestreitbaren Präsenz der Sünde – von der heute freilich selbst die Theologie kaum noch ernsthaft reden mag – bedeutet dies aber eine weitere Spannung, in der sich das menschliche Dasein vollzieht, insofern es gerade als gerechtfertigtes – »Im Werden, nicht im Sein« – »noch im Bau« ist und erst mit der Auferstehung der Toten seine Vollendung durch Gott erfährt[61]. So wird der Mensch durch sein spannungsvolles, ihm nicht zustehendes, sondern zukommendes Dasein definierbar als »bloßer Stoff

59. WA 39/I, 176,5f: »Theologia vero de plenitudine sapientiae suae Hominem totum et perfectum definit«.
60. AaO., 176,33ff: »Paulus ... breviter hominis definitionem colligit, dicens, Hominem iustificari fide.«
61. Promotionsdisputation von Palladius und Tilemann. 1537, WA 39/I, 252,8–15: »In fieri, non in esse. Interim dum hic iustificamur, nondum est completa. Est in agendo, in fieri, non in actu aut facto, nec in esse. Es ist noch jhm bau.«

Gottes zu dem Leben seiner künftigen Gestalt«[62]. Der Mensch ist das Wesen, an dem Gott baut.

Eine solche Definition des Menschen erfordert allerdings eine ständige Rückkehr – wenn man so will – auf den Bauplatz, auf dem man sich auskennen muß, wenn man den Bauvorgang, wenn man also die Auferbauung des Menschen durch Gott verstehen will. Und sie erfordert das Arbeiten mit jenen fundamentalen Unterscheidungen, ohne die der Mensch als Wesen der Spannung unaussagbar bliebe. Ich möchte deshalb die theologische Rede als unterscheidende Rede nunmehr mit Hilfe jener Schrift in Erinnerung rufen, in der Luther den Menschen aufgrund einer heute eher perhorreszierten Unterscheidung als das Wesen verständlich gemacht hat, an dem Gott baut. Es geht um den Traktat von der Freiheit eines Christenmenschen mit seiner Unterscheidung von innerem und äußerem Menschen – einer Unterscheidung, die vorzüglich geeignet ist, den Menschen, an dem Gott baut, als dasjenige Wesen einsichtig zu machen, für das Gott als Abwesender anwesend zu sein vermag.

62. Disputatio de homine. 1536, WA 39/I, 177,3f: »Quare homo huius vitae est pura materia Dei ad futurae formae suae vitam.«

III

VON DER FREIHEIT EINES CHRISTENMENSCHEN

1. Was ist ein Christenmensch? Luthers These

Luthers Traktat de libertate christiana[1] erhebt trotz seiner Kürze den Anspruch, nicht weniger als »die ganze Summa eines christlichen Lebens«[2] zu sein. Im ersten Satz der deutschen Fassung wird dementsprechend die gründliche Erkenntnis dessen, »was ein Christenmensch sei«[3], annonciert. Der lapidare Ausdruck dessen, was ein Christenmensch ist, mutet dialektisch an. Die Dialektik ist bestimmt durch den Gegensatz von Herr und Knecht bzw. von Freiheit und Untertänigkeit.

Man wird gut tun, das sozial-politische Bedeutungsfeld der Begriffe Freier–Untertan, Herr–Knecht von Anfang an mit wahrzunehmen. Wir werden uns also der feudalen – und nicht nur feudalen, sondern so gut wie selbstverständlichen – Korrelation von Herr und Knecht erinnern, wie sie schon

1. Die Schrift hat trotz der ihr neuerdings reichlicher zugewendeten literarischen Aufmerksamkeit noch immer nicht den Kommentar gefunden, der ihr gebührt. Dasselbe Desiderat ist, obwohl H. J. Iwand immerhin einen ersten Versuch in diese Richtung unternommen hat, hinsichtlich der auf eine durchgehende theologische Kommentierung besonders angewiesenen Schrift »De servo arbitrio« anzumelden. Ich muß gestehen, daß ich nicht begreife, wozu das ganze Ausmaß an Luther-Forschung gut sein soll, wenn die sowohl vordergründigste wie tiefgründigste Aufgabe einer exegetischen Kommentierung der Hauptschriften offensichtlich nicht einmal als Aufgabe wahrgenommen, geschweige denn in Angriff genommen wird.
2. 31,16 (Sendbrief an Papst Leo X.).
3. 37,1. Die etwas »literarischere« Einleitung der lateinischen Fassung macht statt dessen die »Christiana fides« thematisch. Doch geht man wohl nicht fehl in der Annahme, daß eben die fides christiana den Christenmenschen zum Christenmenschen macht – wie ja nach der zitierten These der Disputatio de homine sogar der Mensch als Mensch definiert ist durch die iustificatio sola fide.

Aristoteles klassisch formuliert hat: Wenn es einen Herrn gibt, dann gibt es (auch) einen Knecht. Und wenn es einen Knecht gibt, dann gibt es auch einen Herrn[4].

Gerade wenn man sich klar macht, wie selbstverständlich der Begriff eines *Herrn* den eines von ihm unterschiedenen, ihm unterstellten *Knechtes* implizierte, vermag man den *theologischen Gebrauch,* den *usus theologicus* dieser Begriffe in Luthers Traktat zu würdigen. Entscheidet der Gebrauch eines Wortes über seine sprachliche Bedeutung[5], dann haben wir es hier mit Ausdrücken zu tun, die in den Rang *theologischer Kategorien* erhoben worden sind. Und nicht nur der *einzelne* Ausdruck, sondern erst recht die höchst spannungsvolle Verbindung der Ausdrücke im Rahmen einer *theologischen Grundsatzerklärung* hat kategorialen Rang. Die theologische Grundsatzerklärung lautet:

>»Ein Christenmensch ist ein freier Herr über alle Dinge und niemandem untertan.
>Ein Christenmensch ist ein dienstbarer Knecht aller Dinge und jedermann untertan.«[6]

Gegenüber der sozialpolitischen These, daß da, wo einer Herr ist, ein anderer notwendig Knecht ist, fällt sofort auf, daß hier ein und derselbe Mensch – eben der Christenmensch – sowohl Herr als auch Knecht ist. Das ist eine das Verständnis von Herrschaft radikal verändernde Auffassung von einem freien Herrn. Die kühne Verbindung von Herrsein und Knechtsein in ein und demselben Subjekt mutet ausgesprochen dialektisch an. Luther sagt selbst: »pugnare videantur«, beide Aussagen scheinen miteinander im Streit zu liegen[7].

---

4. Kat. 7b 17f; δεσπότου ὄντος δοῦλός ἐστιν, καὶ δούλου ὄντος δεσπότης ἐστίν. Vgl. 6b 29 und Pol. 1254a 11.
5. Vgl. L. Wittgenstein, Philosophische Untersuchungen, § 43, hg. nach der zweisprachigen Ausgabe von G. E. M. Anscombe und R. Rhees, Schriften, Bd. 1, 1960, 311.
6. 37,1.
7. 36,1.

Doch der dialektische Schein läßt sich auflösen: »Obwohl die beiden Sätze miteinander im Streit zu liegen scheinen, passen sie doch, insofern sich herausstellt, daß sie übereinstimmen, vorzüglich zu unserem Vorhaben.«[8] Was zunächst widersprüchlich erscheint, stimmt im Grunde auf das genaueste zusammen. Diese Konvenienz wird von Luther durch Bibelzitate angezeigt, die ihrerseits gegensätzliche Aussagen über den Menschen machen. Unter Berufung auf eine Reihe neutestamentlicher Kontrastbestimmungen des menschlichen Seins, die auf den Gegensatz von *geistlich* und *leiblich* zurückzuführen sind, heißt es: »Diese Verschiedenheit bewirkt, daß in der Schrift Gegensätzliches von ein und demselben Menschen gesagt wird.«[9] Aber es wird nicht nur zitiert. Mit Hilfe des Zitierten – nicht des Zitates! – wird vielmehr zugleich argumentiert. Luther beruft sich, um die Dialektik des christlichen Daseins als widerspruchslos aufzuweisen, auf die paulinische Unterscheidung zwischen *zwei* Menschen in *ein und demselben* Ich, die er in einem gewissen Anklang an den christologischen Sprachgebrauch der Alten Kirche – durchaus mit der Tradition[10] – auch als Unterscheidung zweier Naturen in *ein und demselben* Menschen zur Sprache bringen kann: »ein jeglicher Christenmensch ist zweierlei Natur«[11]. Die anthropologische Fundamentalunterscheidung wird in verschiedenen Terminologien ausgedrückt, von denen die Unterscheidung zwischen *innerem* und *äußerlichem* Menschen am wirksamsten geworden ist. Luther legt sie selbst dem

8. Ebd.: »Haec quanquam pugnare videantur, tamen, ubi convenire inventa fuerint, pulchre facient ad institutum nostrum.«
9. 38,2: »Haec diversitas facit, ut in scripturis pugnantia de eodem homine dicantur.«
10. Vgl. z. B. Thomas von Aquin, Summa theologiae I, q. 75 intr.: »Post considerationem creaturae spiritualis et corporalis considerandum est de homine, qui ex spirituali et corporali substantia componitur«. Dabei ist es Sache des Theologen, »naturam ... hominis considerare ... ex parte animae, non autem ex parte corporis, nisi secundum habitudinem quam habet corpus ad animam«.
11. 39,2.

Traktat als Gliederungsprinzip zugrunde: »Zuerst nehmen wir uns vor, den inwendigen, geistlichen Menschen zu sehen.«[12] »Nun wollen wir auf den anderen Teil zurückkommen, auf den äußerlichen Menschen.«[13]

Eben diese Unterscheidung ist uns heute jedoch kaum noch vertraut. Wir leben in einer Welt, in der *alles* äußerlich sein muß, so daß »innen« nicht nur nichts mehr ist, sondern »Innerlichkeit« geradezu zur Bezeichnung einer fatalen Dimension geworden ist. Der Unterschied von Innen und Außen hat auch für das Sein des Menschen seinen kategorialen Rang verloren: »Müsset im Naturbetrachten / Immer eins wie alles achten; / Nichts ist drinnen, nichts ist draußen: / Denn was innen[,] das ist außen.«[14] Was Goethe noch für das *Natur*betrachten postulierte, gilt nun auch für den Menschen selber, der sich eben immer mehr nach der Natur versteht, die er längst nicht mehr zu betrachten vermag, ohne sie zu bearbeiten. Und so wundert es nicht, daß die fundamentale Unterscheidung von innerem und äußerlichem Menschen, die die widerspruchslose Zusammengehörigkeit von Freiheit und Dienst, von Herrschaft und Knechtschaft im Leben eines Christenmenschen begründen soll[15], Luthers Freiheitsverständnis, seinen Glaubensbegriff und folglich seine Theologie überhaupt in neuerer Zeit auf ganz neue Weise suspekt gemacht hat. Man nennt nicht immer seinen Namen, wenn man gegen die »Entartung« des Christentums zu einer »Religion frommer Innerlichkeit« polemisiert. Aber man meint ihn[16].

12. 38,3: »Primum autem interiorem hominem apprehendimus visuri«.
13. 58,19: »Nunc ad alteram partem revertamur, ad externum hominem«.
14. Goethe, Epirrhema, Werke. Vollständige Ausgabe letzter Hand, Bd. 3, 1828, 96.
15. Luthers fundamentale Unterscheidungen haben fast immer die Funktion, eine noch fundamentalere Einheit zur Geltung zu bringen und zu wahren!
16. Wir lassen hier unerörtert, inwiefern diese Polemik mit der Hegel-Renaissance und also mit Hegels Interpretation des reformatorischen Christentums als Religion der Subjektivität und als Religion der Inner-

Man meint ihn, obwohl das, was man als Religion der Innerlichkeit bekämpft, mit seiner Unterscheidung von innerem und äußerem Menschen so gut wie gar nichts zu tun hat.

Umgekehrt stellt ein genaueres Studium des Traktates die in unserer gegenwärtigen theologischen Landschaft erheblich störende Frage, ob sich überhaupt sagen läßt, was ein Christ und was mithin vor Gott ein freier Mensch ist, wenn wir nicht mehr zu unterscheiden vermögen zwischen dem äußeren und dem inneren Menschen, der ein jeder jeweils ganz und gar ist. Luther ist jedenfalls davon überzeugt, daß den Christenmenschen »kein äußerliches Ding . . . frei noch fromm machen« kann, »denn seine Frömmigkeit und Freiheit . . . sind nicht leiblich noch äußerlich«[17]. Eine solche These ist jedoch nur sinnvoll, wenn es möglich ist, Äußerliches von Innerlichem überhaupt zu unterscheiden. Und sie ist nur dann wahr, wenn eine solche Unterscheidung notwendig ist. Daß die Unterscheidung von innerem und äußerem Menschen sowohl möglich wie auch notwendig ist, war gemeinsame Überzeugung der philosophischen und theologischen Traditionen, in denen Luther aufwuchs. *In welchem Sinne* diese Unterscheidung möglich und geboten ist, hat Luther jedoch in eigener Weise erkennen lassen. Der Traktat »Von der Freiheit eines Christenmenschen« ist dessen klassischer Beleg. Die Beschäftigung mit ihm ist um so lohnender, als sie geeignet ist, die gängigen Mißverständnisse der Rede vom »innerlichen Menschen« eben dadurch abzubauen, daß der genuin theologische Sinn

lichkeit zusammenhängt. Für Hegel vgl. z. B. seine Schrift: Glauben und Wissen oder die Reflexionsphilosophie der Subjectivität, in der Vollständigkeit ihrer Formen, als Kantische, Jacobische, und Fichtesche Philosophie, Gesammelte Werke, Bd. 4, hg. von H. Buchner und O. Pöggeler, 1968, 315–414, bes. 316ff. Nach Hegel ist die ganze Kultur der »neuen Zeit« gekennzeichnet durch »die Farbe des innern« (aaO., 412). Die dieser Kultur zugrunde liegende Religion des Protestantismus »baut im Herzen des Individuums ihre Tempel und Altäre« (aaO., 316).
17. 39,3.

der Unterscheidung von »äußerlichem« und »innerlichem« Menschen neu verstanden wird. Eine vorgängige kurze Darstellung eben dieser Mißverständnisse mag angebracht sein. Auf diese Weise läßt sich zudem deutlich machen, wie sehr das sich in ihnen aussprechende Vorurteil auch da herrscht, wo es nicht eigens expliziert wird. Ich beziehe mich auf die durch die sogenannte Studentenrevolution erst richtig bekannt gewordene Polemik Herbert Marcuses und auf die so gut wie unbekannt gebliebene ältere Kritik von Max Scheler.

2. Kritik an Luthers These:
Herbert Marcuses und Max Schelers Antithese

Wenige Aussagen des Reformators sind so sehr mißverstanden worden wie die These, daß die christliche Freiheit »nicht leiblich noch äußerlich« sei. Sowohl in der transzendentalphilosophischen Aneignung, die sie gefunden hat, wie in den Schmähungen und der vehementen Ablehnung, die ihr zuteil geworden sind, verrät sich dasselbe Mißverständnis, wobei bei der Ablehnung allerdings Luthers These nicht selten bereits mit ihrer »positiven« Rezeption identifiziert bzw. diese Rezeption in jene These zurückprojiziert wurde. Während einerseits geurteilt wurde: erst »mit Luther begann die Freiheit des Geistes«, wenn auch nur erst »im Kerne«[18], während sogar die Kritiker der Freiheitslehre Luthers dieser zunächst einmal gerade wegen der in der »absolute[n] Innerlichkeit der Person« begründeten »Transzendenz der christlichen Freiheit gegenüber jeder weltlichen Autorität« eine ausgesprochen »antiautoritäre Einstellung«[19] nachrühmen, wird doch andererseits

18. G. W. F. Hegel, Vorlesungen über die Geschichte der Philosophie, Sämtliche Werke. Jubiläumsausgabe, hg. von H. Glockner, Bd. 19, 254.
19. H. Marcuse, Studie über Autorität und Familie, in: Ideen zu einer kritischen Theorie der Gesellschaft. Edition Suhrkamp 300, 1969, 57 f.

»dieser furchtbare Satz« Luthers, daß »den freien Christenmenschen ... ›kein äußerliches Ding ... frei noch fromm machen‹« kann, als ein Satz gerügt, »der die wirkliche Unfreiheit in den Begriff der Freiheit hineinnimmt«[20]. Unter der »wirklichen Unfreiheit« versteht der Kritiker ganz selbstverständlich die *gesellschaftliche* Unfreiheit. Dabei ist vorausgesetzt, daß der »innere Mensch« gegenüber den äußeren Dingen zumindest weniger »wirklich« ist. Unter »Wirklichkeit« ist wiederum der *Zusammenhang wirkender Praxis* verstanden, so daß gerade *gegen* Luthers Freiheitsverständnis eingewendet werden kann, die von ihm behauptete Freiheit des inneren Menschen sei ja »immer schon *verwirklicht*«[21], »wenn der Mensch anhebt zu handeln. Seine Freiheit kann nie das Ergebnis einer Handlung sein ... Das wahre menschliche Subjekt ist niemals das Subjekt der *Praxis*. Damit ist in einem bisher ungekannten Maße die Person von der Verantwortung für ihre Praxis entlastet, in eins aber auch frei geworden für jede Art von Praxis: die in ihrer inneren Freiheit und Fülle ruhende Person kann sich nun erst ganz in die äußere Praxis stürzen, da sie weiß, daß ihr darin im Grunde doch nichts geschehen kann. Mit der Trennung von Tat und Täter, Person und Praxis ist auch schon die ›doppelte Moral‹ gesetzt, die als Trennung von ›Amt‹ und ›Person‹ einen der Grundpfeiler der Lutherschen Ethik bildet«[22].
Das ist eine ins Grundsätzliche gehende Kritik, der denn auch grundsätzliche Aufmerksamkeit gebührt. Man könnte eine Fülle von Sätzen Luthers anführen, die dieser grundsätzlichen Kritik weitere Nahrung geben. Ich nenne nur die – in unmittelbarer zeitlicher Nähe zum Freiheitstraktat vollzogene – Identifikation des Begriffs der Freiheit mit dem der Mystik entlehnten Begriff der Indifferenz[23]. Doch

---

20. AaO., 60.
21. AaO., 61 (Hervorhebung von mir).
22. AaO., 61f.
23. Bei der Auslegung von Psalm 10,5 in den Operationes in Psalmos,

dergleichen textliche Erweiterungen sind nur zu leicht geeignet, die grundsätzliche Auseinandersetzung in Materialanhäufungen pro et contra zu ersticken. Die grundsätzliche Auseinandersetzung ist aber orientiert an Luthers anthropologischer Unterscheidung von innerlichem und äußerlichem Menschen. Es ist deshalb keine glückliche Lösung gewesen, als Oswald Bayer in seiner sonst so verdienstvollen und im folgenden ständig vorausgesetzten Auseinandersetzung mit »Marcuses Kritik an Luthers Freiheitsbegriff«[24] gerade diese terminologische Unterscheidung als »dem Sachverhalt, den sie bezeichnet, keineswegs angemessen« zurückgewiesen hat[25]. Auch die Hinweise, daß Luther mit dieser Terminologie augustinischer Tradition folge[26] und daß er wegen der Rezeption dieser Unterscheidung durch die »Schwärmer« später nur noch sehr zurückhaltend von ihr Gebrauch gemacht habe[27], dürfen uns nicht davon entbinden, die Auseinandersetzung mit Luthers Kritikern genau da zu führen, wo Luther diese Kritik selbst heraufbeschworen zu haben scheint. Und das ist nun eben die von Luther 1520 sehr pointiert zur Geltung gebrachte anthropologische Unterscheidung von innen und außen. Zwar muß der mit der Unterscheidung von innerem und äußerem Menschen signalisierte theologische Sachverhalt nicht notwendig in dieser Terminologie zur Sprache kommen. Man sollte aber darüber nachdenken, was vielleicht verlorengeht, wenn er in dieser Terminologie nicht mehr

1519–1521, WA 5, 333,23f wird den Werkgerechten bestritten, daß sie »homines omnium horarum, omnium operum, omnium rerum *liberi* scilicet et *indifferentes*« sein können (Hervorhebung von mir).
24. ZThK 67, 1970, 453–478.
25. AaO., 472. Vgl. ebd.: »Im ganzen geht es Luther darum, Glaube und Liebe (in der unangemessenen Begrifflichkeit: den ›inneren‹ und ›äußeren‹ Menschen) zu *unterscheiden.*«
26. Vgl. U. Duchrow, Christenheit und Weltverantwortung. Traditionsgeschichte und systematische Struktur der Zweireichelehre, 1970.
27. Vgl. K.-H. zur Mühlen, Nos extra nos. Luthers Theologie zwischen Mystik und Scholastik, BHTh 46, 1972, 272f.

zur Sprache kommen darf, weil »innerlich« zu einer fatalen Kategorie herabstilisiert worden ist, die man nur noch zur Denunziation mißliebiger theologischer Einstellungen verwendet. Auf jeden Fall hat Luther mit dieser Unterscheidung Wirkungen und Interpretationen von Wirkungen hervorgerufen, die zur Rückfrage nach Luthers eigener Intention nötigen. Noch einmal Marcuse: »In Luthers Schrift von der *Freiheit eines Christenmenschen* sind alle Elemente zum ersten Mal beisammen, die den spezifisch bürgerlichen Freiheitsbegriff konstituieren und zur ideologischen Grundlage der spezifisch bürgerlichen Autoritätsgestaltung werden: Zuweisung der Freiheit an die ›innere‹ Sphäre der Person, an den ›innerlichen Menschen‹ bei gleichzeitiger Unterwerfung des ›äußerlichen Menschen‹ unter das System der weltlichen Obrigkeiten; Transzendierung dieses Systems irdischer Autoritäten durch die private Autonomie und Vernunft; Trennung von Person und Werk (Person und Amt) mit ›doppelter Moral‹; Rechtfertigung der wirklichen Unfreiheit und Ungleichheit als Folge der ›inneren‹ Freiheit und Gleichheit.«[28]

Eine ähnlich polemische Interpretation der Unterscheidung von innerlichem und äußerlichem Menschen bei Luther hat Max Scheler in einem 1919 veröffentlichten Aufsatz mit dem bezeichnenden Titel »Von zwei deutschen Krankheiten«[29] vorgetragen. Obwohl sie anthropologisch noch schärfer zugreift als die Ausführungen Marcuses, ist sie in der theologischen Diskussion so gut wie gar nicht beachtet worden. Ich gehe auf Schelers Aufsatz ein, weil an seiner Polemik noch besser als an der Marcuses deutlich zu werden vermag, inwiefern Luthers Freiheitsverständnis

28. H. Marcuse, aaO., 59.
29. Schriften zur Soziologie und Weltanschauungslehre, Gesammelte Werke, Bd. 6, 1963², 204–219. Die Arbeit wurde zuerst 1919, dann überarbeitet 1923 und schließlich mit den eingearbeiteten Randnotizen in den Gesammelten Werken veröffentlicht. Es ist nicht auszuschließen, daß Marcuse diese Abhandlung kannte.

dem gegenwärtigen theologischen Streit um die Freiheit zugute kommen kann.

»Von . . . deutschen Krankheiten« redet Max Scheler, wenn er auf das zu sprechen kommt, »was uns in immer neuen Tönen als das hohe Gut der deutschen *Innerlichkeit* viel zu kritiklos angepriesen wird«[30]. Er nennt das Wort *Innerlichkeit* »eine der unerträglichsten Wortbildungen neudeutschen Sprachgebrauchs«[31]. Gleichwohl kennt er nicht nur eine »Geschichte der falschen Innerlichkeit«[32], sondern auch von dieser zu Unrecht in Anspruch genommene »*wahrhaft* edle Züge der deutschen Wesensart und . . . wahrhaft hohe Gedanken großer deutscher Denker und Seelen«[33]. Die Rede vom *Seelengrund* und vom *Gemüte* bei Meister Eckehart dient u. a. als Beispiel für das, worauf sich die Propagandisten »der deutschen Innerlichkeit« per nefas berufen. Es geht Scheler also nicht um die Bestreitung von so etwas wie einem »inneren Leben«[34], sondern vielmehr um die Bestreitung einer auf ihre eigene Darstellung und Verwirklichung »im ungefügen ›Äußerlichen‹« verzichtenden[35] »reinen Innerlichkeit«. In ihrer angeblichen Reinheit ist die »reine Innerlichkeit« gerade die »falsche Innerlichkeit«. Und deshalb ist die Proklamation der »Sphäre der ›reinen Innerlichkeit‹« die Bekanntgabe eines Decknamens für eine ganze »Reihe menschlicher *Mängel,* Schwächen, ja Laster . . ., deren Dasein« indessen »für die Selbsterhaltung des neupreußischen Staatssystems und seine Fortbildung zum Klassenstaate, der Koalition von Junkern und Schwerindustriellen eine allerdings nicht unbeträchtliche *soziale Zweckmäßigkeit* an den Tag gelegt hat«[36]. Der Koalition von Junkern und Schwerindustriellen

---

30. AaO., 207f.
31. AaO., 208.
32. AaO., 211, dort teilweise kursiv.
33. AaO., 208.
34. Vgl. aaO., 211.
35. AaO., 209.
36. AaO., 208.

wird freilich auch »die Sozialdemokratie« wenigstens insofern zugeordnet, als sie »ihre Religionsfeindschaft mit der
Erklärung der Religion zur ›Privatsache‹ und zu einer rein
›inneren‹ Angelegenheit« deckt[37]. Als Begründung für
diese Anklage gilt die Behauptung: »In den unsagbaren
Tiefen der ›reinen Innerlichkeit‹ wird der Geist, werden die
Ideen, werden Taten und Gesinnung, werden Schönheits-
sinn und Religion – wird selbst Christus in der Tat schlechthin harmlos, verantwortungslos, bedeutungslos; und je
mehr sie dieses werden, desto hemmungsloser können
Herrschsucht, Klassenegoismus, ideenlose Beamtenrouti-
ne, Militärdressur, und ebensowohl blinder Arbeits- und
Betätigungsdrang wie geschmack- und geistfreie Genuß-
sucht sich bei denen auswirken, die zur Innerlichkeit – zu
diesem einzigen Luxus der Dienenden und Gehorchenden
– nicht verpflichtet sind.«[38] Das Lob der Innerlichkeit wird
als »eine große Lebenslüge«[39] der Deutschen decouvriert.
Für das allgemeine Auftreten des Wortes – das außer bei
Fichte in der klassischen deutschen Philosophie und Dichtung nicht vorkommen soll – wird die Situation verantwortlich gemacht, in der »der Materialismus der äußeren Le-
benspraxis zur allgemeinen Lebensform des Volkes geworden war«[40]. Dennoch sollen gerade die »deutschen protestantischen Prediger, Theologen, Philosophen . . . besondere Erbpächter der ›Innerlichkeit‹« sein. Was diese lehren, ist nach Scheler »zum größten Teil schon in Luther
selbst gegründet«[41].
Um diese These zu verifizieren, konfrontiert Scheler das
»vorprotestantische Deutschland« mit den Folgen der Reformation. »Das vorprotestantische Deutschland hatte sein
inneres Leben in großen *sichtbaren* Symbolen dargestellt.

37. Ebd.
38. AaO., 208f.
39. AaO., 209.
40. Ebd.
41. AaO., 211.

Die süddeutsche und rheinische Kultur und ihre ethnologischen Träger bestimmten im wesentlichen Deutschlands Antlitz. Dichtung, Dome, Kathedralen, germanisches Recht und die alte deutsche Stadt zeigen alle diese Harmonie, diese Durchdringung von Seele und Welt, Innerem und Äußerem, Form und Gehalt.«[42] Demgegenüber ist *Innerlichkeit* schon als Wort ein Ideal, das »keinen Ideen*inhalt, keinen positiven Wert, keine Angabe einer Vernunftkraft, keine zielbestimmte Tätigkeit der Seele oder des Geistes in seine Bedeutung aufnimmt, sondern nur mit einem Raumgleichnis eine Daseinssphäre bezeichnet, in der Gutes *und* Schlechtes, Wahres und Falsches, Sinnfreies und Sinnvolles, verdrängte Magenschmerzen und heiligste Gefühle und Gesinnungen gleichmäßig auftreten können«[43]. Und für eben dieses Ideal wird letztlich Luthers Theologie verantwortlich gemacht: »In Luther verzichtete der deutsche Geist zuerst und auf dem Boden der *höchsten,* d. h. alle anderen Werte nach sich formierenden Werte auf den Einbau des Innerlichen in die äußere reale Welt – auf die *Harmonie von Äußerem und Innerem.*«[44] Die »freischwebende Innerlichkeit« des deutschen Menschen entwickelte sich also »zuerst auf *religiösem* Boden«. Scheler macht dafür verantwortlich die »religiöse Zerteilung des deutschen Menschen in eine Seele, die mit Christus auf dem sonnenbeglänzten Berge des Herrn steht – geborgen in ihm allein durch den Glauben und unabhängig von dem Werke –, und einen fleischlichen Leib, der unter dem nach Luther nur endlichen Gesetze seufzend schmachtet und sich im ›Schweinekoben‹ des Irdischen herumwälzt (Luthers Worte)«[45].

Weiter werden im Sinne verschiedener Punkte einer Anklageschrift aufgezählt: »Luthers zartes mystisches Gna-

42. Ebd.
43. AaO., 209.
44. AaO., 212.
45. Ebd.

denbewußtsein, seine gesteigerte-übersteigerte Empfindlichkeit gegen die Sünde, die ihn ihre Wurzel schon in die Begierlichkeit des Menschen selbst verlegen läßt und nicht erst in die Zustimmung des Willens, die einseitig familiäre Innenrichtung, die er dem Ausdruck aller höheren seelischen Werte erteilt«, und als deren – schon in Luthers »Person und seinem Werke« zum Ausdruck kommende – »Korrelate«: »Passivismus und Quietismus gegen den Stand der öffentlichen Moral« einerseits und »stark machiavellistisch gefärbte . . . Ratschläge . . . in allen Fragen der Politik« andererseits. Sodann werden genannt Luthers Verleugnung »der Sichtbarkeit der Kirche« und ihres »hierarchischen Aufbau[s], ihrer institutionellen Unabhängigkeit und Selbständigkeit gegenüber dem Staate«, aber auch »das einseitige Vorwiegen der Kunst der Innerlichkeit, der Musik«. Selbst die Tatsache, daß die späteren protestantischen »Diener« der sich notwendig zur »Staatskirche« entwickelnden lutherischen Kirche »auch nach ihrer sozialen Herkunft – ganz anders als z. B. in England und in der calvinistischen Welt – meist den dienenden und zur Unterwerfung geneigten sozialen Schichten entstammen«, soll eine der »Folgen des religiösen Grunderlebnisses Luthers« sein[46]. Und so gehört denn zweifellos zu den Spätwirkungen Luthers auch »das gefährliche Wort Wilhelms II., es sei der Deutsche ›äußerlich begrenzt, innerlich unbegrenzt‹ (es geht auf Chamberlain zurück)«[47].
Nun, das ist ziemlich viel auf einmal. Und die mit solchen Aufstellungen erhobene Anklage gegen die Gefährlichkeit der Lutherschen Grundunterscheidung von glaubender Seele und fleischlichem Leib soll keineswegs gemildert werden, wenn von Scheler auch Kants »Dualismus zwischen dem homo noumenon und homo phaenomenon – jener frei, dieser schlechthin determiniert –«[48] und Schleier-

46. Ebd.
47. AaO., 211.
48. AaO., 213. Scheler verkennt allerdings den großen Unterschied

machers Sonderung der »Religion von der Moral«[49] als durchaus konsequente Folgen der durch Luther inaugurierten deutschen Innerlichkeit denunziert werden. Denn in solchen Unterscheidungen und Sonderungen entdeckt

zwischen der kantischen Philosophie und »Luthers Gedanken und Wesen« nicht: »Die kantische Philosophie ist Luthers Gedanken und Wesen so gut wie in allem entgegengesetzt. Luthers ›Hure Vernunft‹ wird bei Kant zum Konstrukteur der objektiven Erfahrungswelt und zum Ursprung aller sittlichen, religiösen und rechtlichen Ordnung. ›Du kannst, denn du sollst‹ – sagt Kant. Bilde dir nie ein, schon zu können, wo das Moralgesetz ein Sollen statuiert (a debere ad posse non valet consequentia) – sagt Luther. Aber der Dualismus zwischen dem homo noumenon und homo phaenomenon – jener frei, dieser schlechthin determiniert –, zwischen der guten ›Gesinnung‹ und der Handlung, zwischen Moral und Recht ist bei Kant genau *analog* dem Dualismus Luthers zwischen Liebe und Gesetz, Glaube und Werk, dem Menschen, der ein ›Freier‹ und ›Herr‹ ist in Christo, und ein ›Sklave‹ und ›Unfreier‹ als fleischlich Wesen vor dem Gesetz. Wir sollen das Glück unseres Nebenmenschen wollen, ›nicht als ob uns an dessen Existenz etwas gelegen wäre‹, fordert Kant; d. h. er fordert zu wollen, was man nicht will – höchstens im ›Inneren‹ wünscht. Wir sollen uns an der formalen Gesinnungsgüte des Wollens – ganz gleichgültig, welcher Inhalt des Wollens es sei – genügen lassen, was natürlich zum Resultat hat, daß die *Inhalte* die wechselnde Geschichte, d. h. im Lande Königsberg meist der Unteroffizier und der Beamte je hinzugibt! Und da es dem Unteroffizier und Beamten doch *nur* auf die *Inhalte* ankommen kann, so überläßt er die ex definitione mit *jedem* beliebigen Inhalt vereinbare ›gute Gesinnung‹ gerne dem jeweiligen ›Menschenmaterial‹, das er bearbeitet und dem er kommandiert. So hat jeder, was er braucht: Das intelligible Ich in der unbekannten und unerkennbaren Dingansichsphäre hat die gute Gesinnung und mag sie in seiner Innerlichkeit beliebig genießen – und es *geschieht* doch zugleich, was der Unteroffizier will! Man hat gesagt, der kantische Satz, es dürfe der Mensch nie als Mittel gebraucht werden, schließe den vergangenen Militarismus von sich aus. Der kantische Satz aber sagt: nicht *bloß* als Mittel. Aber warum sollte der homo = ens phaenomenon nicht auch als *bloßes* Mittel gebraucht werden: der homo = ens noumenon *kann* seine Würde überhaupt nicht verlieren. Denn Kant hat diese Würde so ›tief‹ in die Innerlichkeit versenkt, daß kein weltlicher Arm dahin reicht. Die Versicherungssysteme sind zwar bei den lutherischen Junkern andere als bei den kantischen preußischen Bürgern gewesen – aber sie erreichen denselben Zweck« (aaO., 213f).
49. AaO., 214. »Die Art, wie Schleiermacher in seinen ›Reden über die Religion‹ die Religion von der Moral sondert, ist der Moraltheologie Kants entgegengesetzt. Aber auch bei ihm, der das Luthertum in die Denk- und Gefühlsformen der Romantik überträgt, nimmt die religiöse Nurinnerlichkeit doch nur eine neue Form an« (ebd.).

Scheler etwas nicht nur »Tragisches, Rührendes«, sondern »doch auch irgendwie tief Verächtliches«. Meint er doch zu beobachten, wie da »das deutsche Bürgertum auf immer neuen Wegen seine politische Passivität und seinen gefährlichen Knechtsinn ›transzendental‹ zu rechtfertigen« und »zu einer *Tugend* zu machen wußte«[50].

Was sollen wir nun dazu sagen? Es sind doch wohl nicht so sehr Porträts lebendiger Geschichte, sondern eher Totenmasken, die Scheler der vergangenen Geschichte abgenommen hat[51]. Wie auch immer – eine Anti-Kritik Schelers darf sich von dessen überzeichnender Polemik nicht dazu verführen lassen, es sich nun ihrerseits zu leicht zu machen. Die allerdings unerläßliche Auseinandersetzung mit Schelers Anklage gegen die von ihm als »deutsche Krankheit« diagnostizierte »reine«, »freischwebende« oder auch einfach »falsche Innerlichkeit« sollte deshalb den grundsätzlichen Einwand thematisch machen, den Scheler gegen »Luthers Gedanken und Wesen« erhebt. Der Einwand richtet sich gegen diejenige – angebliche! – Diremption von *außen* und *innen,* die es allererst zu jener »falschen Innerlichkeit« kommen läßt.

In diesem Einwand ist eine positive These vorausgesetzt. Sie lautet: »Erst an der Pforte der *Tat* gliedern sich die Lebensinhalte und erhalten sie die Einheit der . . . *Person.*«[52] Und damit ist nun allerdings ein *echter* Gegensatz zu Luthers Unterscheidung vom »äußerlichen« und »innerlichen Menschen« formuliert. Denn ein christliches Verständnis des Menschen muß nach Luthers Grundüberzeugung die Einheit der Person woanders suchen als »an der Pforte der Tat«. Deshalb unterscheidet er den Menschen so, daß nicht erst seine Tat den Menschen nach außen wendet und damit als »Pforte« seines Daseins in Betracht

50. Ebd.
51. Freilich, vermag gründliches geschichtliches Verstehen jemals mehr, als der Geschichte die Totenmaske abzunehmen?
52. AaO., 211.

kommt. Was in den Menschen eindringt, wendet ihn nach außen. »Pforte« seines Daseins und Einheit seiner Person werden deshalb dort zu suchen sein, wo den Menschen ein ihn menschlich machendes Wort trifft, das ihn, indem es ihn nach innen wendet, auch schon aus sich herausholt.

3. Der Mensch zwischen Gott und Welt

Luthers Unterscheidung vom »innerlichen Menschen« und »äußerlichen Menschen« knüpft an 2 Kor 4,16 an und wird durch Gal 5,17 interpretiert. Die lateinische Fassung zitiert beide Paulustexte, die bei Luther die Funktion haben, die elementare anthropologische Spannung thematisch zu machen, in der ein und derselbe Mensch *Mensch ist:* »Wenn auch unser äußerer Mensch zerstört wird, so wird doch unser innerer Mensch erneuert von Tag zu Tag« – »Denn das Fleisch begehrt auf gegen den Geist, der Geist aber gegen das Fleisch.«[53] Die elementare Spannung, die das Menschsein des Menschen bestimmt, ist hier bis zum Gegensatz gesteigert. Der Gegensatz von Geist und Fleisch, von innerem und äußerem Menschen soll ja denn auch Luthers Dialektik, diese »zwei widerständigen Reden« von der Freiheit und Knechtschaft ein und desselben Christenmenschen verstehen helfen und begründen. Die Begründung wird zunächst mit der schon zitierten These gegeben, die allgemein über das Wesen des Christenmenschen – nach der lateinischen Fassung sogar noch allgemeiner – über das Wesen des Menschen – Auskunft gibt: »Homo enim duplici constat natura, spirituali et corporali«[54]; »ein jeglicher Christenmensch ist zweierlei Natur, geistlicher und leiblicher«[55].

53. εἰ καὶ ὁ ἔξω ἡμῶν ἄνθρωπος διαφθείρεται, ἀλλ' ὁ ἔσω ἡμῶν ἀνακαινοῦται ἡμέρα καὶ ἡμέρα. – ἡ γὰρ σὰρξ ἐπιθυμεῖ κατὰ τοῦ πνεύματος, τὸ δὲ πνεῦμα κατὰ τῆς σαρκός.
54. 38,2.
55. 39,2.

Diese Auskunft, noch dazu verbunden mit den beiden zitierten paulinischen Sätzen, könnte die Meinung nahelegen, der Mensch sei seiner geistlichen Natur nach ein freier Herr über alle Dinge und niemandem untertan, während er seiner leiblichen Natur nach ein dienstbarer Knecht aller Dinge sei und jedermann untertan. Wir hätten es dann mit einer Variante platonisch-augustinischer Anthropologie zu tun. In diesem Sinne hat man nicht selten in der Exegese die paulinische Rede vom inneren und äußeren Menschen entweder positiv rezipiert oder aber als dualistische Überfremdung des christlichen Kerygmas sachkritisch beanstandet[56]. Auch Luthers Gebrauch der Unterscheidung von innerem und äußerem Menschen wäre dann nur ein *beliebiger* modus loquendi, der den durch ihn zu bezeichnenden theologischen Sachverhalt eher verstellt als erhellt. Luther hat jedoch jene Unterscheidung ganz zweifellos als eine *gebotene* Weise theologischen Redens verstanden.

Allerdings bewegt sich Luther mit jener Unterscheidung in überlieferter Sprache[57], worauf auch das »vocatur«, »wird ... genennet« hinweist, mit dem die Unterscheidung eingeführt wird[58]. Man wird also die Regeln überlieferter – z. B. augustinischer und mystischer – Sprachspiele hinsichtlich der Unterscheidung von *innen* und *außen* im Blick

---

56. Ich gebe Beispiele, die jeweils einem durch seine exegetische Behutsamkeit charakterisierten Kontext entnommen sind. F. Chr. Baur schreibt in seinen »Vorlesungen über Neutestamentliche Theologie«, 1864, 145: »Im νοῦς ist ... der Mensch der denkende selbstbewusste Geist, der νοῦς ist selbst der ἔσω ἄνθρωπος, Röm 7,22, der innere, in seinem denkenden Selbstbewusstsein existierende Mensch.« – R. Bultmann bemerkt in seiner »Theologie des Neuen Testaments«, 1961[4], 204, Paulus verwende »Rm 7,22 und 2 Kr 4,16 den Terminus ὁ ἔσω ἄνθρωπος, ein Ausdruck, der aus der Anthropologie des hellenistischen Dualismus zu stammen scheint«. Vgl. E. Käsemann, Paulinische Perspektiven, 1972[2], 34f: Paulus hilft sich bei der Formulierung seines Verständnisses der menschlichen Existenz »mit Anleihen beim Griechentum, indem er bald von ›Vernunft‹, bald vom ›inneren Menschen‹ spricht und damit dualistische Betrachtungsweise mindestens streift«.
57. Vgl. den Exkurs auf S. 116 ff.
58. 38/39,2.

auf Luthers eigenen Sprachgebrauch nicht für irrelevant halten dürfen[59]. Dennoch läßt sich in der Sachlogik des Gedankenganges des Traktates und in Luthers sprachlicher Verschlüsselung des Gedankenganges eine eigene Weise theologischen Redens hinsichtlich des Sinnes der verwendeten Unterscheidung von innerem und äußerem Menschen (und der allgemeineren von *innen* und *außen*) erkennen.

Sie besteht zunächst einmal darin, daß die traditionelle Zuordnung der Herrschaft bzw. der Freiheit zum inneren und der Knechtschaft zum äußeren Menschen sehr pointiert durchbrochen wird. Luther sagt zwar, daß es dieser anthropologische Unterschied zwischen der geistlichen und leiblichen Natur des Menschen, mithin zwischen seiner »Innerlichkeit« und »Äußerlichkeit« sei, der die gegensätzliche biblische Redeweise »von der Freiheit und Dienstbarkeit« ein und desselben Subjektes bewirke: »Diese Verschiedenheit bewirkt, daß in der Schrift Gegensätzliches von ein und demselben Menschen gesagt wird.«[60] Luther lokalisiert die Freiheit des Christenmenschen denn auch durchaus mit der Tradition im »inwendigen geistlichen Menschen«. Er weist nun aber ebenso wie die menschliche Freiheit (libertas) auch die menschliche Knechtschaft (servitudo) dem inneren Menschen zu, wobei bezeichnenderweise die libertas sofort mit der iustitia (»Frömmigkeit«), die servitudo mit der iniustitia (»Bosheit«) parallel gesetzt wird: »seine Frömmigkeit und Freiheit, wiederum seine Bosheit und sein Gefängnis sind nicht leiblich noch äußerlich«[61]. Der Christenmensch hat zwar durchaus einen äußerlichen, leiblichen Menschen, dem es gut und schlecht gehen kann, der »ungefangen«, also frei, aber ebenso »gefangen«, also unfrei sein kann. Doch von

59. Vgl. dazu das erwähnte Buch von K.-H. zur Mühlen, passim.
60. 38/39,2: »Haec diversitas facit, ut in scripturis pugnantia de eodem homine dicantur.«
61. 38/39,3.

solchen »äußerlichen Dingen«, wie Luther *alle weltlichen* Bedingungen und Vollzüge menschlichen Daseins nennt, »reicht keines bis an die Seele, sie zu befreien oder zu fangen, fromm oder böse zu machen«[62]. Die Seele ist aber das menschliche Leben in seiner Beziehung zu Gott, das als solches von seiner Beziehung auf alles, was nicht Gott ist, unterschieden zu werden verlangt. *Deshalb* wird der (Christen-) Mensch »nach der Seele ... ein geistlicher, neuer, innerlicher Mensch genannt«, während er »nach dem Fleisch und Blut«, also gemäß seinem weltlichen Lebensvollzug »ein leiblicher, alter und äußerlicher Mensch genannt« wird[63].

Wir verstehen also Luthers Unterscheidung von innerlichem und äußerlichem Menschen erst dann, wenn wir sie im Horizont einer weiterreichenden Unterscheidung begreifen, nämlich der zwischen Gott und Welt. Von der Fundamentaldifferenz zwischen Gott und Welt – und d. h. zwischen Gott und seinem Geschöpf – her wird eher verständlich, daß nach dem Zeugnis der Schrift ein und derselbe Mensch in einen so fundamentalen Widerspruch geraten kann, daß in *ein und demselben* Menschen *zwei* Menschen miteinander streiten: »Diese Verschiedenheit bewirkt, daß in der Schrift Gegensätzliches von ein und demselben Menschen gesagt wird, da ja auch die beiden Menschen selbst in ein und demselben Menschen miteinander im Streit liegen.«[64] Wir müssen nun freilich klar machen, inwiefern der Streit zwischen dem äußerlichen und dem innerlichen Menschen gerade nicht so vonstatten geht, wie es diese Unterscheidung zunächst nahelegt: daß nämlich der äußere Mensch der Repräsentant der Knechtschaft, der innere hingegen der Repräsentant der Freiheit ist.

Wir sahen, daß der innere Mensch der anthropologische Ort ist, an dem sich sowohl Freiheit wie Knechtschaft des

62. 39,3.
63. 39,2.
64. 38,2: »... cum et ipsi homines in eodem homine sibi pugnent.«

Menschen entscheiden. Diese Auffassung Luthers wird von der fundamentalen Differenz zwischen Gott und Welt allein her noch nicht verständlich. Legt sie doch eher nahe, den von seinem unerläßlich weltlichen Lebensvollzug ganz und gar beanspruchten, bzw. den sich seinem weltlichen Lebensvollzug genießend hingebenden und ausliefernden Menschen als *Knecht* zu verstehen. Und umgekehrt wäre dann der sich von dieser Knechtschaft befreiende, bzw. (sakramental) befreienlassende Mensch, der trotz seines unerläßlich weltlichen Lebensvollzuges sich in diesem – die Welt gebrauchend, aber eben nur gebrauchend – ganz und gar Gott hingibt und Gott allein genießt, als *freier Herr* zu verstehen. Ein solches Verständnis der Unterscheidung von innerem und äußerem Menschen wäre gut augustinisch. Und die augustinischen Anklänge begegnen denn bei Luther gerade auch in dieser Hinsicht auf Schritt und Tritt. Um so wichtiger ist es, in dem von augustinischen Anklängen regelrecht durchsetzten Gedankengang dasjenige Motiv herauszuarbeiten, das der lutherischen Verwendung der Unterscheidung von innerem und äußerem Menschen ihre besondere theologische Pointe gibt.

4. Der Mensch zwischen Neu und Alt

Dieser Pointe nähern wir uns am besten, indem wir von demjenigen Gedanken Luthers ausgehen, in dem er sich mit der augustinischen Tradition am engsten berührt und doch zugleich sozusagen nuklear unterscheidet. Auf die boshafte Folgerung aus seiner Lehre von der christlichen Freiheit, nämlich guter Dinge zu sein und nichts zu tun[65], erwidert Luther: »Es wäre wohl also, wenn du allein ein innerlicher Mensch wärest und ganz geistlich und innerlich

65. Man wird an analoge Mißverständnisse der großen Spitzensätze des Paulus erinnert: vgl. z. B. Röm 3,5–8; 3,27–31; 5,20–6,2.

73

geworden, welches nicht geschieht bis am Jüngsten Tag. Es ist und bleibt auf Erden nur ein Anheben und Zunehmen, welches wird in jener Welt vollbracht.«[66] Das läßt sich durchaus augustinisch verstehen: wenn man nämlich das »noch nicht«, das bis zum Jüngsten Tag einer totalen »Verinnerlichung« des christlichen Lebens entgegensteht, auffaßt als Repräsentanten der vergänglichen zeitlichen Welt, die eben deshalb vergeht, weil sie ihrer ontologischen Beschaffenheit gemäß vergänglich ist. Die ontologische Differenz zwischen *vergänglich* und *ewig* wäre dann die das christliche Leben bestimmende Spannung, wie sie sich in der Simultaneität der unterschiedlichen Ansprüche von »Gottesreich« (civitas dei) und »Weltreich« (civitas terrena) ausweist. Der »innerliche Mensch« gehört dann »schon jetzt« zur Ewigkeit, aber er gehört im Grunde *schon immer* zu ihr[67]. Doch für Luther *vergeht* der äußerliche Mensch – mit der geschaffenen Welt – nicht so sehr wegen der ontologischen Qualität der Vergänglichkeit alles Äußerlichen, während dann der innerliche Mensch kraft seiner ontologischen Partizipation an Gottes Ewigkeit *bliebe*. Die Dialektik von innen und außen entspricht nicht der von zufälliger Vergänglichkeit bzw. vergänglichem Zufall einerseits und bleibendem Wesen andererseits – etwa gemäß dem berühmten Sinnspruch des Angelus Silesius: »Mensch, werde wesentlich. Denn wann die Welt vergeht, so fällt der Zufall weg. Das Wesen, das besteht.«[68]

Daß der äußerliche Mensch bis zum Jüngsten Tag dem innerlichen Menschen simultan sei, dann aber *vergehen* wird, das hängt nach Luther vielmehr damit zusammen, daß der äußerliche Mensch in einem sehr präzisen Sinne *alt*

---

66. 59,19.
67. An die Analogien zur Anthropologie Philos und seiner Traditionen sei hier nur eben erinnert.
68. Angelus Silesius, Cherubinischer Wandersmann, hg. von G. Ellinger, Neudrucke deutscher Litteraturwerke des XVI. und XVII. Jahrhunderts, Nr. 135–138, 1895, 43 (2. Buch, Nr. 30).

geworden ist und folglich ein *alter Mensch* zu heißen verdient, während umgekehrt der innerliche Mensch der *neu* gewordene Mensch ist und insofern auch *neuer Mensch* genannt zu werden verdient. Diese von Luther von Anfang an der Unterscheidung von innerem und äußerem Menschen parallel gebrauchte Unterscheidung von neu und alt ist nun aber aus der fundamentalen Differenz von Gott und Welt allein nicht erklärbar. Die Unterscheidung von altem und neuem Menschen ist vielmehr *christologisch* bedingt[69]. Und erst aus ihrem christologischen Ursprung erhellt auch, inwiefern gerade der innerliche Mensch sowohl frei als auch unfrei werden kann. Wir werden also sowohl das Verständnis von Freiheit wie den Begriff des »inwendigen« Menschen vom christologischen Ursprung des Neuen her auszulegen haben, das ein Altes von sich zu unterscheiden verlangt.

Für Luther stellt sich der Bezug zu jenem christologischen Ursprung durch Wort und Glaube her. Denn »allein das Wort und der Glaube regieren in der Seele. Wie das Wort ist, so wird auch die Seele durch es, gleichwie das Eisen glutrot wird wie das Feuer durch die Vereinigung mit dem Feuer«[70]. Auf die Macht des Wortes und auf das Vermögen des Glaubens eingehend, nähert sich Luther dem Geheimnis, um deswillen der Mensch von Gottes Wort angesprochen und zum Glauben provoziert wird. Wir folgen diesem Annäherungsversuch.

Der Bezug zwischen der anthropologischen Unterschei-

---

69. Sehr genau hat W. Maurer den Sachzusammenhang des Traktates beurteilt: »Luther betrachtet den Menschen nicht für sich, sondern in seiner Verbindung mit Christus und durch Christus. Von der Christologie aus muß bei ihm die Anthropologie verstanden werden . . . Die Seele des Christenmenschen ist frei von den äußerlichen Dingen nicht um ihrer geistigen Natur willen, sondern zufolge der Freiheit, ›*die yhm Christus erworben und geben hatt*‹« (Von der Freiheit eines Christenmenschen. Zwei Untersuchungen zu Luthers Reformationsschriften 1520/21, 1949, 49f).
70. 45,10.

dung des inneren vom äußeren Menschen und dem christologischen Ursprung der Differenz von alt und neu ist nach Luther im Evangelium als dem Wort Gottes gegeben. Die Seele hat »kein ander Ding ... darin sie lebe, fromm, frei und ein Christ sei, denn das heilige Evangelium, das Wort Gottes von Christus gepredigt«[71]. Die Seele – das ist der innere Mensch. Er ist der Ort der Entscheidung über Freiheit und Unfreiheit des Menschen, weil der innere Mensch, weil die Seele davon *lebt,* daß sie »das Wort hat«[72]. Dabei handelt es sich wohlgemerkt nicht um das ihr eigene, sondern um das *fremde* Wort Gottes, nicht um ein Wort, das sich der Mensch selber sagt, sondern um ein Wort, das den Menschen *anspricht* und – so muß man wohl folgern – eben *dadurch* den inneren vom äußeren, den neuen vom alten Menschen unterscheidet. Das von außen in ihn hereinkommende Wort Gottes wendet den Menschen selber allererst nach innen und unterscheidet ihn dadurch als inneren Menschen von sich selbst als äußerem Menschen. Damit ist aber auch schon gesagt, daß der innere Mensch von außerhalb seiner selbst konstituiert wird. Er kommt von außen zu sich. Und er kommt dabei sehr viel mehr von außen her auf sich zu als der äußere Mensch, der – abstrakt für sich genommen – ein Mensch ohne Externität wäre. Der bloß äußerliche Mensch wäre niemals außer sich und käme eben deshalb auch niemals zu sich selbst. Gerade weil er immer schon bei sich selbst wäre, könnte er gar nicht zu sich selbst kommen. Er wäre – kein Mensch.

Dagegen ist es dem von Gottes Wort nach innen gewendeten Menschen wesentlich, *zu sich selbst zu kommen.* Denn es ist ihm wesentlich, auf das ihn ansprechende Wort Gottes zu reagieren und sich dabei *zu sich selbst zu verhalten* – sei es, daß er dem Wort Gottes *glaubt,* sei es, daß er

71. 39–41,5.
72. 41,5.

ihm *nicht glaubt*. Dabei ist der Glaube das dem Wort Gottes *entsprechende* menschliche Selbstverhältnis. Er läßt wirksam werden, was das Wort zu sagen hat: »Denn der Glaube allein stellt einen heilsamen und wirksamen Gebrauch des Wortes Gottes dar.«[73] Deshalb gilt: »Glaubst du, so hast du. Glaubst du nicht, so hast du nicht.«[74] Dieser Fundamentalsatz Luthers läßt sich nur verstehen, wenn man den Glauben als dasjenige Verhalten des Menschen begreift, in dem dieser sich ganz und gar auf das verläßt, was er hört. Der Glaube ist der efficax usus verbi dei, der vom Wort Gottes den ihm gemäßen wirksamen Gebrauch macht.

Der Glaube entspricht dem Wort Gottes aber allein deshalb, weil er der Wahrheit die Ehre gibt. Glauben heißt, daß man denjenigen, dem man glaubt, »für einen frommen, wahrhaftigen Mann achtet«[75]. Eine höhere Ehre kann man niemandem antun, also auch Gott nicht. Gott glauben heißt deshalb: den wahren Gott »für wahrhaftig, fromm und gerecht« halten[76]. Die Wahrheit verlangt offensichtlich danach, daß sie als solche wahrgenommen wird und so zu ihrer Ehre kommt. Deshalb kann man Gott keine größere Ehre antun, als ihm zu glauben, während umgekehrt der Unglaube die größte Unehre ist, die man Gott antun kann[77]. Denn der Unglaube erklärt Gott zum Lügner.

5. Der ernsthafte Wechsel: der Mensch als Wesen der Wahrheit

Man wird Luthers Rekurs auf die *Wahrheit* als das ursprüngliche und bleibende Element des Verkehrs zwischen Gott und Mensch theologisch nicht hoch genug veranschla-

---

73. 40,6: »Fides enim sola est salutaris et efficax usus verbi dei.«
74. 45,9.
75. 47,11.
76. Ebd.
77. Ebd.

gen können. Hier treffen sich unsere Wirklichkeitserfahrungen mit der Erfahrung des aller Wirklichkeit überlegenen Gottes. Wer sich auf *Gott* einläßt, der hat es per definitionem mit der *Wahrheit* zu tun. Und er hat es mit der Wahrheit als einer sowohl unerbittlich aufdeckenden wie hilfreich heilenden Macht zu tun. Luther hat im Prisma der Wahrheit das Mysterium der Menschwerdung Gottes und des in der Geschichte des menschgewordenen Gottessohnes sich ereignenden »fröhlichen Wechsels« zwischen Gottes ewigem und unserem verlorenen Sein sich reflektieren lassen; und er hat diesen Wechsel als ein Ereignis der Wahrheit theologisch zu reflektieren offensichtlich für unerläßlich gehalten. Im Glauben vollzieht sich für Luther zunächst einmal der ernsthafteste aller Wechsel, der darin besteht, daß der Mensch Gott und Gott den Menschen für *wahrhaftig* erklärt. »Wenn dann Gott siehet, daß die Seele ihm Wahrheit gibt und ihn also ehret durch ihren Glauben, so ehret er sie wiederum und hält sie auch für fromm und wahrhaftig, und sie ist auch fromm und wahrhaftig durch solchen Glauben. Denn daß man Gott die Wahrheit und Frömmigkeit gebe, das ist Recht und Wahrheit und macht recht und wahrhaftig, dieweil es wahr ist und recht, daß Gott die Wahrheit geben werde; welches die nicht tun, die nicht glauben.«[78] Ohne Wahrheit gegenüber Gott wird der Mensch nicht wahrhaftig und deshalb auch nicht frei. Allein die Wahrheit kann ihn frei machen[79]. Im Medium der

78. Ebd.
79. Man wird angesichts der derzeitigen theologischen Auseinandersetzungen wohl fragen müssen, ob *Wahrheit* in der gegenwärtigen Theologie überhaupt eine ponderable Kategorie ist. Ist die Theologie nicht weithin ausschließlich von der Frage besessen: was kommt heraus? Wem nutzt es? Was ist relevant? – aber eben nicht von der Frage: was ist wahr? Die gegenwärtige Theologie ist vorwiegend unter der leitenden Kategorie der Effizienz, nicht jedoch unter der der Wahrheit am Werk. Nicht daß hier einer ineffizienten Theologie das Wort geredet werden soll! Die Sorge geht vielmehr dahin, daß eine *statt* nach Wahrheit fragende nach Effizienz schielende Theologie auf Wirkungen aus ist, die eben alles andere als Wirkungen der Wahrheit sind. Es ist dann aber auch eine andere *Freiheit* gemeint als die, zu der die *Wahrheit* befreit.

Wahrheit aber ist der Mensch sowohl Objekt wie Subjekt, ist er auf eine zu ihm redende fremde Instanz und von dieser auf sich selbst angesprochen.

Das Wort Gottes redet den Menschen nämlich so an, »daß du hörest deinen Gott zu dir reden, wie all dein Leben und deine Werke nichts seien vor Gott, sondern müssest mit allem, was in dir ist, ewiglich verderben«[80]. Folglich müßte der mit seinem Glauben der Wahrheit recht gebende Mensch an sich selber verzweifeln. Er *müßte* es, wenn Gottes Wort den Menschen nur eben darauf ansprechen würde, was dieser aus sich selber gemacht hat. Es spricht den Menschen aber zugleich darauf an, daß Gott seinerseits aus ihm etwas zu machen im Begriffe ist. Und deshalb muß der mit seinem Glauben der Wahrheit recht gebende Mensch gerade nicht verderben. Der Glaube kann dem anklagenden Gesetz nicht recht geben, ohne dem befreienden Evangelium noch mehr recht zu geben[81]. Hat doch Gott durch seine eigene Menschlichkeit das verwirkte Dasein des Menschen und damit sein anklagendes Wort durch sein befreiendes Wort *überboten,* dem der Glaube *um so mehr* zu vertrauen hat: »Daß du aber aus dir und von dir, das ist aus deinem Verderben, kommen mögest, so setzt er dir vor seinen lieben Sohn, Jesus Christus, und läßt dir durch sein lebendiges, tröstliches Wort sagen: Du sollst in denselben mit festem Glauben dich ergeben und frisch auf ihn vertrauen.«[82]

80. 41,6.
81. Es gehört sogar zur Wahrheit des Glaubens, sich einzugestehen, daß der Mensch das Ausmaß seiner Sünde überhaupt nicht zu ertragen und eine wahre Definition der Sünde gar nicht zu geben vermag: »Si homo sentiret magnitudinem peccati, non viveret uno momento, tantam vim habet peccatum. Quando vere sentitur, ut cum Nathan propheta dicit Davidi: Tu fecisti, ita territus est, ut iam quasi exspiraret, et procul dubio fuisset mortuus, nisi vocem prophetae audisset: Non morieris. Hac voce consolationem accepit et erectus est. Ex quo patet, et nos non intelligere veram peccati definitionem, sed tantum simulacra et ambigua« (Die Promotionsdisputation von Johann Marbach. 1543, WA 39/II, 210,20–26).
82. 41,6.

Wenn aber dem von Gott angesprochenen Menschen durch diese Anrede dies zugemutet wird, daß »du . . . aus dir und von dir . . . kommen mögest«, dann kann der innere Mensch folglich aus sich heraus und von sich fort kommen. Und er muß das offensichtlich, um aus seinem selbstverschuldeten Verderben heraus zu kommen. Wir halten für unsere Fragestellung zunächst nur fest, daß der *innere Mensch* ganz im Gegensatz zu einem in seiner »Innerlichkeit« verschlossenen Ich *sich aus sich heraus rufen lassen* und *aus sich heraus kommen* kann, so daß er ein neuer Mensch wird[83]. Gerade der innere Mensch kann sich selbst verlassen, so daß er auf andere eingehen und sich auf sie einlassen, ja verlassen kann. Wenn ihm das ihn anredende Evangelium zumutet, sich in Jesus Christus zu »ergeben und frisch auf ihn [zu] vertrauen«, dann muß der innere Mensch geradezu dazu bestimmt sein, aus sich herauszugehen, um so – bei einem anderen! – ein neuer Mensch zu werden. Der innere oder inwendige Mensch ist der durch das ihn anredende Wort nach innen gekehrte und im Ereignis dieser Einkehr auch schon von sich abgewendete Mensch. Der inwendige Mensch existiert in der Wende von innen nach außen. Deshalb kann er sich von sich selbst abwenden lassen.

Das aber kann der *äußere* Mensch nicht, jedenfalls nicht ohne den inneren. Er ist, wenn man so will, sehr viel weniger beweglich. Er bleibt bei sich selbst, wohin er auch geht. Er ist der alte. Er ist es schon immer. Der innere Mensch hingegen ist im Werden und insofern der neue Mensch, der dann und nur dann alt wird, wenn er bei sich selbst bleibt; und dann wird er *notwendig* alt. Er wäre ja dann auch nichts anderes als ein Abbild des äußeren Menschen. Wenn er nur bei sich selbst bliebe, brächte er seine Inwendigkeit gerade um die unvergleichliche Bewegungsfreiheit, sich selbst zu verlassen, um sich statt dessen auf

83. 40,6: ». . . credens alius homo hac fide fieres«.

80

sich selbst zu fixieren. Ein solcher auf sich selbst *fixierter* Mensch wäre, wie Luther in anderem Zusammenhang sagen kann, ein homo incurvatus in se, ein in sich verbogener Mensch, der so sehr auf sich selbst fixiert ist, »daß er nicht nur die materiellen, sondern auch die geistlichen Güter sich zurechtbiegt und sich in allem sucht«[84]. Das ist auch der inwendige, aber eben der um seine Wende gebrachte inwendige Mensch. Er wäre der *Doppelgänger des äußeren Menschen,* der nun seinerseits eben dadurch, daß der innere Mensch zu seinem Doppelgänger wird, ein Übergewicht bekommt, das ihn unausweichlich daran hindert, ein der wahren Bestimmung des inneren Menschen *entsprechender* äußerer *Mensch* zu sein bzw. zu werden. Als Doppelgänger des äußeren Menschen ist der innere Mensch ganz und gar unfrei und macht er den äußeren Menschen ganz und gar unfrei.

Daß der innere Mensch aus sich herausgehen kann, ist nun allerdings eine angesichts der faktischen Unfreiheit des Menschen vorerst nur abstrakte Behauptung, deren Konkretheit es allererst zu gewinnen gilt. Diesem Gewinn gilt die christliche Verkündigung. Daß der innere Mensch aus sich herausgehen kann, ist zwar eine anthropologische Aussage von ontologischer Relevanz. Doch in ihrer abstrakten Allgemeinheit verkennt sie gerade, wie sehr der innere Mensch seine ihm gemäße Bewegungsfreiheit verwirken kann und de facto immer schon verwirkt hat. Luther geht demgegenüber davon aus, daß der innere Mensch schon immer unfrei ist, also faktisch schon als Doppelgänger des äußeren Menschen existiert und damit auch den äußeren Menschen daran hindert, ein der wahren Bestimmung des inneren Menschen entsprechender äußerer Mensch zu sein. Insofern ist Luthers Anthropologie zutiefst bestimmt von der Gewißheit, daß der innere Mensch theo-

---

84. Römerbriefvorlesung. 1515/16, WA 56, 356,4ff: »Et hoc consonat Scripture, Que hominem describit incuruatum in se adeo, vt non tantum corporalia, Sed et spiritualia bona sibi inflectat et se in omnibus querat.«

logisch durch einen unfreien Willen *(servum arbitrium)* charakterisiert ist. Ein freier Herr über *alle* Dinge kann der als Doppelgänger des äußeren Menschen existierende innere Mensch gar nicht sein. Er ist – mit De servo arbitrio[85] zu reden – vielmehr gerade auch im Blick auf das, was den Heiden als höchste Tugend und den Philosophen als das Beste gilt, er ist auch im Blick auf das Vortrefflichste an ihm, das vor der Welt für ehrenwert und gut gilt, nichts als *Fleisch.* Das heißt aber, daß der innere Mensch nicht etwa durch das Verhältnis zur Welt um seine diesem Verhältnis gemäße Bewegungsfreiheit gebracht wird. Zum Doppelgänger des äußeren Menschen wird der innere Mensch vielmehr allein durch seinen Unglauben, also durch sein negatives Verhältnis zu Gott. Da aber das Verhältnis des Menschen zu Gott von Luther stets als ein Verhältnis zu Gottes Wort begriffen wird, ist der seine Freiheit verwirkende Mensch der das *Wort Gottes* verfehlende Mensch. Ohne dieses Wort kommt der Mensch nicht aus sich heraus. Es ist also das Wort Gottes, das es dem inneren Menschen erlaubt, aus sich heraus zu gehen. Durch das Ereignis des Wortes Gottes erst wird der Satz, der innere Mensch könne – im Unterschied zum äußeren Menschen – aus sich heraus gehen, zu einem vom Schein der Abstraktheit befreiten konkreten, in dieser Konkretheit nun allerdings allgemeingültigen Satz. Denn der innere Mensch ist der aus sich heraus *gerufene* Mensch. Er ist das konkret immer als der aus seiner *Verlorenheit* herausgerufene Mensch.

Er wäre dies aber – hypothetisch geredet – auch, wenn er ohne Sünde wäre. Denn der Mensch ist wesentlich das von Gott *angesprochene* und insofern mit dem ihn anredenden Wort *in sich* einkehrende und im Ereignis dieser Einkehr auch schon aus sich herausgesetzte Wesen. Als in sich Einkehrender *wendet sich* der Mensch nach innen und *wird*

85. WA 18, 744,3–31.

er um so mehr nach außen *gewendet*. Dieses Außen ist aber nicht die Dimension des äußeren Menschen, sondern die externe Existenz des inwendigen Menschen. Als in sich Einkehrender und um so mehr nach außen Gewendeter ist er der vom äußeren Menschen unterschiedene innere Mensch, der daraufhin diese *Unterscheidung* dann als *Entsprechung* zu wahren hat. In alledem folgt er dem *Worte* Gottes, das ihn als ein *Wesen der Wende* konstituiert. Als Wesen der Wende ist er weltlich und geistlich zugleich – wobei seine geistliche Existenz keine Verdoppelung seines weltlichen Daseins ist, sondern eben ein dem Worte Gottes folgendes *Unterwegssein in der Welt,* eschatologische Wanderschaft, die ihn allererst zu einem geschichtlichen Wesen macht[86].

6. Der fröhliche Wechsel: der Mensch als Wesen der Wende

Ein Wesen der Wende ist der Mensch schon ursprünglich, insofern er vom Worte Gottes geschaffen ist. Ein Wesen der Wende ist der Mensch aber erst recht, insofern er durch Gottes Wort aus seiner Verlorenheit, mithin aus sich selbst aufs neue herauskommt: Es gibt kein Ding im Himmel und auf Erden, durch das und in dem die Seele *lebt* und frei

---

86. Ich notiere gern, daß sich dieses mein Lutherverständnis mit der neueren Paulusforschung auf das engste berührt – was ja nicht nur im Verstehenden seinen Grund haben muß, sondern vielleicht doch auch darin, daß Luther eben selber ein Paulus-Forscher war. »Für den Apostel ist der Mensch . . . ein provozierbares und ständig provoziertes Wesen. Er ist es konstitutiv . . . Immer steht der Mensch unter einem Anruf, auf den er denkend, redend, handelnd, leidend zu antworten hat. Darin ist er Geschöpf, daß ihm göttliche Anrede widerfährt, welche ihn in irdische Wanderschaft zwingt. Das macht ihn zu einem geschichtlichen Wesen . . . Denn Heil meint nicht einfach einen Zustand, sondern einen geöffneten . . . Weg, auf dem es unablässig heißt: Ich vergesse, was dahinterliegt, und strecke mich nach dem aus, was vor mir ist« (E. Käsemann, Paulinische Perspektiven, 1972², 15f).

wird als allein »das Wort Gottes, von Christo gepredigt«[87]. So kann auch »die Natur . . . von ihr selbst« (Natura per seipsam) die Verknechtung des Menschen unter seine eigenen Leistungen und den Wahn, durch diese Leistungen selig zu werden, nicht austreiben[88]. Um so wichtiger ist es, daß das Wort von Christus *recht* gepredigt wird. Dazu gehört, daß das Wort selber *die Wende* herbeiführt, die den Menschen von sich selbst befreit. Luther betont deshalb, »daß es nicht genug gepredigt sei, wenn man Christi Leben und Werk obenhin und nur als eine Historie und Chronikgeschichte predigt«. Und auch das ist unzureichend, daß man »ein Mitleiden« mit Christus predigt. Jesus Christus muß vielmehr so gepredigt werden, »daß mir und dir der Glaube draus erwachse und erhalten werde«. Dies geschieht, wenn Christus so gepredigt wird, »daß er nicht nur Christus, sondern für dich und für mich Christus sei, und das in uns bewirkt, was von ihm gesagt und als was er bezeichnet wird«. Und diese rechte Predigt von Jesus Christus »geschieht, wo man recht auslegt die christliche Freiheit«[89].

Wenn aber Christus so gepredigt wird, daß er das in uns wirkt, was von ihm selbst auszusagen ist, dann leuchtet es ein, daß Luther den inwendigen Menschen auch den *neuen,* den leiblichen hingegen den *alten* Menschen nennen kann. Denn so gewiß zwar der inwendige Mensch durch das ihn anredende Wort schon immer als der *neue* Mensch sich von dem äußerlichen Menschen abhebt, so gewiß zwar die Wende nach innen und das nach außen Gewendetwerden gegenüber dem Bei-sich-selbst-Sein das schlechthin Neue ist, so gewiß ist andererseits das Evangelium, das den als Doppelgänger des äußeren Menschen existierenden – so

---

87. 39/41,5.
88. 66/67,25.
89. 56/57,18: »Oportet autem, ut eo fine praedicetur, quo fides in eum promoveatur, ut non tantum sit Christus, sed tibi et mihi sit Christus, et id in nobis operetur, quod de eo dicitur et quod ipse vocatur.«

aber eben auf sich selbst *fixierten* – inneren Menschen anredet, das Ereignis der Wende vom Alten zum Neuen. Denn das Evangelium redet vom Sein Jesu Christi als der Geschichte des sogenannten fröhlichen Wechsels. Und es gibt, indem es davon redet, dem Glaubenden Anteil an dem, wovon es redet. Der fröhliche Wechsel, der sich im Sein Jesu Christi vollzieht, ist aber das eigentliche Ereignis der Wende vom Alten zum Neuen und insofern das Ereignis, das den unfreien Menschen zum freien Herrn über alle Dinge macht, der niemandem untertan ist.

Dieses Verständnis des Menschen als eines Wesens der Wende gilt es nunmehr durch einen weiteren Schritt zurück in das christologische Mysterium von seiner letzten und eigentlich tragenden Begründung her zu erhellen. Dabei muß zugleich deutlich werden, daß die Unterscheidung von äußerem und innerem Menschen eine ursprünglichste Funktion und eine letzte Bedeutung hat, eine Funktion und eine Bedeutung, die diese Unterscheidung auch dann, wenn man auf die Terminologie verzichten wollte, unaufgebbar macht.

Die Erhellung des christologischen Mysteriums ist schon deshalb notwendig, weil erst dadurch das Wesen des Glaubens erhellt wird. Wir hatten zwar schon bisher den »fröhlichen Wechsel« im Blick, als wir den *Glauben* als den »ernsthaften Wechsel« zwischen der menschlichen Ehrenerklärung für den wahrhaftigen Gott und der göttlichen Ehrenerklärung für den wahrhaftigen Menschen interpretierten und diese *wechselseitige Verifikation* als das Nadelöhr verstanden, durch das hindurch muß, wer ein freier Herr über alle Dinge zu heißen verdient. Doch der bisherige Gedankengang könnte, wenn er hier endete, das Mißverständnis kaum vermeiden, als würde der »*Glaube allein*« ohne jedes wirkliche Fundament das Heil des Menschen bewirken. Luther hatte ja bisher die göttliche Aktion, der gemäß der Mensch durch Gottes Wort für wahrhaftig erklärt wird, durchaus nur als eine *Reaktion*

Gottes auf die ihm durch den Menschen zuteilgewordene Ehrenerklärung dargestellt, der gemäß der Mensch, indem er Gott glaubt, diesen für »wahrhaftig, fromm und gerecht« hält, woraufhin dann Gott auch den Menschen für wahrhaftig, fromm und gerecht erklärt. Der Verdacht, daß hier nach der Regel *do ut des* verfahren wird, liegt nahe und wird durch die juristisch prägnante Formulierung der lateinischen Fassung auch durchaus nahe gelegt[90]. Nur zu leicht bietet sich oberflächlichem Verständnis hier das berüchtigte Mißverständnis der bei Luther immer wiederkehrenden Wendung »glaubst Du, so hast Du« und der nicht weniger berühmten Formel von der fides creatrix divinitatis an. Fügt man gar noch – unter Sistierung des entscheidenden Vorbehaltes, daß der Glaube nicht im Blick auf Gott selbst, sondern nur in uns Schöpfer der Gottheit sei – den unmittelbar folgenden Satz »Außerhalb des Glaubens verliert Gott seine Gerechtigkeit, seine Ehre, seinen Reichtum etc.«[91] hinzu, so liegt es nahe, die Theologie Luthers jener »Ichbezogenheit« und jener Reflexivität des sich der eigenen Subjektivität versichernden glaubenden Ich zu bezichtigen, die »die göttliche Person« nur noch als »ein Mittel dieser Selbstversicherung« kennt[92].

Immerhin hat kein geringerer als Karl Barth den Vorwürfen Paul Hackers ein geneigtes Ohr geliehen[93] und – vermittelt durch die lutherische Fassung der Lehre von der

---

90. 46,11: »Ubi autem deus videt, veritatem sibi tribui et fide cordis nostri se honorari tanto honore, quo ipse dignus est, Rursus et ipse nos honorat, tribuens et nobis veritatem et iustitiam propter hanc fidem. Fides enim facit veritatem et iustitiam, reddens deo suum, ideo rursus reddit deus iustitiae nostrae gloriam.«

91. In epistolam S. Pauli ad Galatas Commentarius. 1531/35, WA 40/I, 360,5–7: »Fides est creatrix divinitatis, non in persona, sed in nobis. Extra fidem amittit deus suam iustitiam, gloriam, opes etc., et nihil maiestatis, divinitatis, ubi non fides.«

92. P. Hacker, Das Ich im Glauben bei Martin Luther, 1966, 23, 28, 53.

93. So mir gegenüber mündlich. Vgl. aber auch den Brief vom 20. Oktober 1966 an Helmut Gollwitzer, in: K. Barth, Briefe 1961–1968, hg. von J. Fangmeier und H. Stoevesandt, Gesamtausgabe, Abt. V, 1975, 361f.

communicatio idiomatum – einen wirkungsgeschichtlichen Zusammenhang zwischen Ludwig Feuerbach und Martin Luther für wahrscheinlich gehalten[94]. Bestimmt hier also die *Gottesverehrung* den Sinn und die Bedeutung dessen, was das Wort Gott sagt? Ist Luthers Devise, der Glaube allein entscheide über das Gottesverhältnis des Menschen, aus der großen Tradition zu verstehen, die schon bei Xenophanes kritisch reflektiert wurde[95], die Augustinus[96] so formuliert: »Was immer einer anbetet und verehrt, das ist für ihn ein Gott«, und die Friedrich Schiller[97] in dem lapidaren Satz rekapituliert: »in seinen Göttern malt sich der Mensch«? Was heißt das also: »Glaubst Du, so hast Du«?

7. Der Grund des Wechsels:
Gott in der Person Jesu Christi

Dem Mißverständnis, der Glaube wäre hier eine ex nihilo produzierende Macht, wehrt zunächst schon Luthers Satz, es sei in der Tat *wahr* und *recht,* daß Gott *wahrhaftig* und *gerecht* ist. Daraufhin erst gilt es ebenfalls als wahr und recht, daß man ihm dies zuschreibt und bekennt, nämlich daß er wahrhaftig und gerecht sei[98]. Der Glaube verläßt sich also auf die Verläßlichkeit Gottes. Dennoch bekommt er es gerade deshalb mit dem Gegensatz von Wahrheit und

---

94. Zum Problem vgl. G. Ebeling, Luther. Einführung in sein Denken, 1964, 289; ders.: »Was heißt einen Gott haben oder was ist Gott?«, in: Wort und Glaube II, 1969, 287ff.
95. Vgl. Diels-Kranz, Die Fragmente der Vorsokratiker, Bd. I, 1956[8], 132f (21 B 15).
96. »Quod unusquisque colit et veneratur, hoc sibi deus est.« Nach einem Zitat im Psalmenkommentar des Hugo Cardinalis – vgl. G. Ebeling, Wort und Glaube II, 1969, 293 mit Anm. 17.
97. Antrittsvorlesung, Sämtliche Werke, hg. von G. Fricke u. H. G. Göpfert, Bd. 4, 1966[4], 755.
98. 46/47,11: »Verum est enim et iustum, deum esse veracem et iustum, et hoc ei tribuere et confiteri, hoc est, esse veracem et iustum.«

Lüge, ja von Sein und Nichtsein zu tun. Wer Gott wahrhaftig sein läßt, kann gar nicht anders, als sich selbst der Lüge zu überführen. Gott gegenüber ist der Lügner gerade der *unmögliche* Mensch, der Gott selbst nicht wahrhaftig sein läßt und so Gott und sich selbst in *einem* Akt ad absurdum führt. Deshalb wäre sogar der *glaubende* Mensch, der Gott die Wahrheit gibt, verloren, wenn er sich selbst zum Maßstab aller Dinge machen müßte. Doch der Glaube kennt Gott nun eben auch und vor allem als den, der auch unserer Ehrenerklärung für Gott, der also auch unserem Glauben zuvorkommt. Wer Gott wahrhaftig sein läßt, der kann gar nicht nur seine eigene Lüge ernst nehmen, der muß vielmehr zugleich und erst recht ernst nehmen, daß Gott den in seiner Verlogenheit verlorenen Menschen *zuvorkommend* errettet und also ohne das commercium des »do ut des« wahr gemacht *hat*. Im Glauben wird die *schon geschehene* göttliche Zuwendung der Wahrheit zum Menschen verifiziert. Der Glaube konstituiert nicht, sondern er rezipiert und ratifiziert den »fröhlichen Wechsel«, ohne den die Parole »Glaubst Du, so hast Du« theologisch sinnlos wäre[99]. Das wird besonders schön deutlich an der Metapher, die Luther gebraucht, um die Vereinigung der Seele mit Christus zu beschreiben. Luther vergleicht diese Vereinigung im Anschluß an Eph 5,30ff mit der Vereinigung von Braut und Bräutigam und versteht in diesem Zusammenhang den Glauben als den »Brautring« (»annulus fidei«),

99. Es gibt also kein groteskeres Mißverständnis, als die berühmt-berüchtigte Formulierung aus dem Galaterbriefkommentar (1531), es sei die »fides ... creatrix divinitatis« – »non in persona, sed in nobis« (In epistolam S. Pauli ad Galatas Commentarius. 1535, WA 40, I, 360,5f), wie Luther gleich vorsorglich hinzufügt! –, im Sinne einer theologischen Grenzüberschreitung oder gar im Sinne der Feuerbachschen These zu denunzieren, daß die Gottheit die vom Menschen aus sich selbst herausgesetzte Vollkommenheit der Menschheit sei. Das Gegenteil ist der Fall! Gerade deshalb gehören nach Luther »Gott und Glaube zuhauff«, weil allein der Glaube Gott und Mensch so voneinander zu unterscheiden vermag, wie sich Gott selbst im Ereignis seiner Menschwerdung von uns Menschen zu unserem Heil unterschieden hat.

kraft dessen sich der Bräutigam rechtens die Sünden, den Tod und die Hölle der Braut zu eigen macht und sich so verhält, als hätte er die Sünden der Braut selbst getan[100]. Der Glaube kann aber diese Vereinigung nur deshalb als einen »fröhlichen Wechsel und Streit« ratifizieren, weil Jesus Christus als Gott und Mensch diejenige Person ist, die weder gesündigt hat noch sündigen kann und deshalb auch nicht sterben und verdammt werden kann[101]. An dieser seiner Herrlichkeit gibt der Bräutigam seiner Braut teil, während er umgekehrt ihre Schande auf sich nimmt. Daß die Sünden, der Tod und die Verdammnis im Sein Jesu Christi ihrerseits »verschlungen«[102] werden, daß also der Wechsel in der Tat einen heilsamen »Streit« mit den Mächten des Verderbens impliziert, an dessen Ende von einem »allerherrlichsten Schauspiel . . . nicht nur der Gemeinschaft, sondern eines heilsamen Krieges und des Sieges und des Heiles und der Erlösung«[103] geredet werden kann – das ist allein möglich, weil Gott selbst an diesem Streit beteiligt ist. Nur aufgrund der persönlichen Einheit des Menschen Jesus mit Gott kann von der Person Jesu Christi behauptet werden, es sei »seine Gerechtigkeit den Sünden aller überlegen, sein Leben stärker als jeder Tod, sein Heil jeder Hölle gegenüber unbesiegbar«[104].

Die Freiheit eines Christenmenschen, die aus der soteriologischen Vereinigung Jesu Christi mit dem »inwendigen Menschen« hervorgeht, ist also letztlich begründet in der christologischen Einheit von Gott und Mensch. Nur so wird verständlich, daß das exklusive *Gottesprädikat* der Freiheit[105] nunmehr als Auszeichnung des Christenmenschen

---

100. 48/49,12.
101. Ebd.
102. 49,12.
103. 48,12: »Hic iam dulcissimum spectaculum prodit non solum communionis sed salutaris belli et victoriae et salutis et redemptionis.«
104. Ebd.: »Nam iustitia sua omnium peccatis superior, vita sua omni morte potentior, salus sua omni inferno invictior.«
105. Vgl. auch De servo arbitrio. 1525, WA 18, 636,27ff: »Sequitur

beansprucht werden kann und muß. Die Behauptung der Freiheit des Christen setzt die tätige und leidende Präsenz Gottes im menschlichen Sein voraus. Nur unter dieser Voraussetzung ist der Glaube an Jesus Christus für Luther überhaupt sinnvoll. Andernfalls wäre »der Christus ein schlechter Heiland« und bedürfte »wohl selbst eines Heilands«[106]. Und nur unter dieser Voraussetzung, daß Gott selbst in dem als ein *fröhlicher Wechsel* endenden Streit mit der menschlichen Sünde und den ihr verbündeten Mächten des Verderbens auf dem Plan ist, hat es seinen guten Sinn, wenn Luther den die Freiheit eines Christenmenschen wahrnehmenden *Glauben* als *Erfüllung des ersten Gebotes* versteht, die den gebotenen Werken vorangehen muß, wenn auch diese Gott loben und des Menschen Freiheit bestätigen sollen. Die Unterscheidung von Glaube und Werk und damit die von innerem und äußerem Menschen steht und fällt mit dem Glauben an Gottes Gegenwart im Bereich des Menschlichen. In der Behauptung, »daß ein jeglicher Christenmensch von zweierlei Natur ist, geistlicher und leiblicher«, und in der entsprechenden Unterscheidung derselben Person in einen »neuen, innerlichen« und einen »alten, äußerlichen Menschen«[107] reflektiert sich sozusagen die Vereinigung von göttlicher und menschlicher Natur in der Person Jesu Christi. An dieser Vereinigung von Gott und Mensch in der Person Jesu Christi aber ist der Glaube selbst in keiner Weise konstitutiv beteiligt. Nur deshalb kann der innere Mensch ja von seiner Einheit mit Jesus Christus profitieren, weil die Vereinigung Gottes mit der Menschheit und die daraus folgende Einheit Jesu Christi mit dem Sünder ganz und gar ein *göttliches Geschenk* ist. Glauben heißt geradezu: sich etwas geben lassen können,

nunc, liberum arbitrium esse plane divinum nomen, nec ulli posse competere quam soli divinae maiestati«; aaO., 662,5: »ostendimus, liberum arbitrium nemini nisi soli Deo convenire.«
106. Vom Abendmahl Christi, Bekenntnis. 1528, WA 26, 319,38f.
107. 39,2.

empfangen können. Und wenn es schon im Blick auf den Schöpfer und seine Gaben als der »Mangel der menschlichen Natur« bezeichnet wird, »daß sie nicht daran denkt, daß alles geschaffen und geschenkt ist, sondern ein ›ich habe es zustande gebracht‹ daraus machen will«, dann dürfte Luthers bei der Auslegung des 127. Psalmes dagegen aufgestellte theologische Regel »aber es soll heißen: Ich habe es empfangen, der Herr hat es gegeben. Nicht: der Mensch hat es gemacht«[108] erst recht im Blick auf den in Jesus Christus offenbar gewordenen Versöhner und Erlöser gelten.

8. Der Vollzug des Wechsels:
Jesus Christus als Amtsperson

Dieselbe Sachlage wiederholt sich bei Luthers Ausführungen über die Würden und Ämter Jesu Christi, die in charakteristischer Weise mit der Lehre über die personale Einheit von Gott und Mensch verbunden werden. Als der Erstgeborene Gottes ist Jesus Christus König und Priester, ohne daß der Glaube ihm zu diesen seinen Würden und Ämtern verhilft. Aber der Glaube *profitiert* von Jesu Christi königlichem und priesterlichem Sein, das Luther ebenfalls nach der Analogie des Eherechtes als ein teilgebendes Sein interpretiert: »Wie aber Christus durch sein Erstgeburtsrecht diese beiden Würden besitzt, so teilt er sie zu und macht sie gemein einem jeden, der an ihn glaubt, nach dem Recht jener Ehe, nach dem auch der Braut gehört, was des Bräutigams ist. Von daher sind wir alle in Christus Priester und Könige, die wir an Christus glauben.«[109]

---

108. In XV Psalmos graduum Commentarii. 1532/33, WA 40, III, 223,5–7: »Das ist vitium humanae naturae, quod non putat creationem et dona, sed vult ein feci draus machen; sed sol heißen: Ego accepi, Dominus dedit; Non: homo fecit.«
109. 52,15: »Quemadmodum autem Christus primogenitura sua has duas

Luthers Kombination der christologischen Zwei-Naturen-Lehre mit der Lehre von den Ämtern Jesu Christi legt den tiefsten Grund für die *theologische* Unterscheidung zwischen innerem und äußerem Menschen und für die im Horizont dieser Unterscheidung überhaupt erst aussagbare These von der Freiheit des Christenmenschen. Ist mit dem Rekurs auf die Einheit von Gott und Mensch in der Person Jesu Christi der – wenn man so will: ontische – Grund für die Möglichkeit des frohen Wechsels zwischen der göttlichen Gerechtigkeit und Freiheit einerseits und der menschlichen Sünde und Unfreiheit andererseits angegeben, so wird mit der christologischen Deutung der alttestamentlichen Sonderstellung des (männlichen) Erstgeborenen, den Gott sich selber »auszog und vorbehielt«[110], die christologische Zwei-Naturen-Lehre sozusagen *in Funktion* gesetzt. Weil »Jesus Christus . . . eigentlich dieselbe erste männliche Geburt ist Gottes des Vaters von der Jungfrau Maria«, deshalb »ist er ein König und Priester, doch geistlich . . .«[111] Als König und Priester waltet er seines Amtes, »doch geistlich«! Die Hinzufügung macht deutlich, warum die anthropologische Unterscheidung von innerem und äußerem Menschen unerläßlich ist. Jesus Christus unterscheidet sich in der Ausübung seiner Ämter selber von der sichtbaren Ausübung königlicher Herrschaft und von dem sichtbaren Vollzug menschlichen Priestertums. Er unterscheidet sich von den königlichen und priesterlichen Amtsträgern auf Erden gerade dadurch, daß er sein Königtum und sein Priestertum *nicht* als ihm allein vorbehaltene Würden für sich behält.

Das ist nach den sozialpolitischen Vorstellungen bis zum

---

dignitates obtinnit, ita impartit et comunes easdem facit cuilibet suo fideli matrimonii praedicti iure, quo sponsae sunt quaecunque sponsi sunt. Hinc omnes in Christo sumus sacerdotes et reges, quicunque in Christum credimus.«
110. 51,14.
111. 51–53,14.

Ende des Absolutismus zwar der Sinn irdischer Königs-herrschaft: daß *einer* als königlicher Herrscher unterschieden sei von den *vielen,* die er beherrscht. Es mag unter den vielen Beherrschten Stufen des Beherrschtwerdens geben, gleichwohl sind sie alle gegenüber dem einen Herrscher die Beherrschten. Gerade die Konzentration der Herrschaft in einer und nur einer Herrscherfigur war – trotz der deutschen Landesfürstentümer und von der Parole »rex regnat sed non gubernat«[112] eher bestätigt als problematisiert – ein Herrschaftsideal, das auch den Beherrschten zugute-zukommen versprach, wie schon Homer und Aristoteles versicherten: »Die Dinge wollen nicht schlecht beherrscht werden. Vielherrschaft ist nicht gut; nur einer sei Herr-scher«[113]. Analog gilt vom irdischen Priestertum, daß es geradezu lebt von der Unterscheidung zwischen Priestern und Laien. Ist doch die priesterliche Existenz »noch viel mehr als König sein«[114] – wovon z. B. die Briefe des Bischofs Ambrosius von Mailand, der es wagen konnte, den Kaiser aus dem Allerheiligsten der Kirche zu weisen, ein auf ihre Weise eindrückliches Zeugnis geben. Kurz: »die Herrschaft und Priesterschaft« sind »zwei große Vor-teile«, die dem Erstgeborenen »vor allen anderen Kin-dern« zukommen[115]. Und so wie alle anderen gegenüber dem Erstgeborenen gemeinsam im Nachteil sind, so sind gegenüber König und Priester alle anderen gemeinsam zurückgesetzt: sei es als Volk der Untertanen, sei es als Kirchenvolk.

Demgegenüber liegt die Pointe der königlichen Herrschaft und des priesterlichen Amtes Jesu Christi nach Luthers

---

112. Zur Formel *rex regnat sed non gubernat* vgl. C. Schmitt, Politische Theologie II. Die Legende von der Erledigung jeder Politischen Theolo-gie, 1970, 53ff.
113. Aristoteles, Metaphysik Λ, 1076a 3ff; Homer, Ilias II, 204f: τὰ δὲ ὄντα οὐ βούλεται πολιτεύεσθαι κακῶς, »οὐκ ἀγαθὸν πολυκοιρανίη · εἷς κοίρανος ἔστω«.
114. 55,16.
115. 51,14.

Verständnis gerade in der *Aufhebung* des Unterschiedes von Herrscher und Beherrschten, von Priester und Laien. Jesus Christus teilt sein Erstgeburtsrecht »mit allen seinen Christen, daß sie durch den Glauben müssen auch alle Könige und Priester sein mit Christo«[116]. Er *ist* als Erstgeborener König und Priester. Aber er *ist* beides so, daß er uns zu Königen und Priestern *macht*. Und indem er uns dazu macht, macht er uns zu Freien, deren Freiheit zwar »geistlich«, deshalb aber keineswegs wirklichkeitsfremd im Sinne der perhorreszierten Innerlichkeit ist. Die Freiheit ist vielmehr gerade als geistliche eine höchst machtvolle Freiheit, die Luther sehr pointiert durch Begriffe der Macht und Gewalt interpretiert: »Siehe, wie ist das eine köstliche Freiheit und Gewalt der Christen . . . Wer mag nun ausdenken die Ehre und Höhe eines Christenmenschen? Durch sein Königreich ist er aller Dinge mächtig, durch sein Priestertum ist er Gottes mächtig . . .«[117]

Wir haben es bei dieser Verwendung der Begriffe der Macht und Gewalt geradezu mit einem Prüfstein für die Notwendigkeit der Unterscheidung von innerem und äußerem Menschen zu tun. Denn ohne jene Unterscheidung, so läßt sich zeigen, würden alle diese Grundaussagen des christlichen Glaubens in die Bedeutungslosigkeit maßloser Versicherungen absinken. Damit wäre aber dann erst recht die Dimension dessen, was Luther mit der Tradition »äußerlich« und »leiblich« nennt, christlich irrelevant geworden. Jede Theologie, die die geistliche Freiheit und Macht des Christen *unmittelbar* mit dessen weltlichen Lebensbezügen *identifiziert*, wird sich fragen lassen müssen, ob sie damit nicht paradoxerweise gerade die weltlichen Lebensbezüge christlich irrelevant werden läßt, weil jede *unmittelbare Identifikation* des geistlichen Anspruchs der libertas christiana mit weltlichen Ansprüchen diesen nur als maßlo-

116. 53,15.
117. 53/55,15,16.

se Behauptung und hypertrophe Versicherung erscheinen lassen kann. Nur wenn die Behauptung der christlichen Freiheit *nicht unmittelbar identisch gesetzt* wird mit den gar nicht hoch genug zu schätzenden weltlichen Freiheitsbewegungen in allen Bereichen unseres irdischen Daseins, nur dann gibt es so etwas wie einen christlichen Beitrag zu den Freiheitsbewegungen, in denen sich das menschliche Leben auf allen Ebenen seines Daseins schon immer vorfindet, ohne doch den Fortschritten in ein freieres Leben eine eindeutige Überlegenheit über die schrecklichen Rückschritte in die Unfreiheit attestieren zu können.

Daß jedoch die unsichtbare geistliche Freiheit und Herrschaft keine der sichtbaren Welt gegenüber beziehungslose Größe ist, daß also keine Rede von einem »in seine innere Freiheit eingeschlossene[n] Mensch[en]«[118] sein kann, macht Luther bereits an der diese Freiheit und Herrschaft konstituierenden geistlichen Königsherrschaft Jesu Christi klar. Auf die Feststellung, Jesus Christus herrsche »in himmlischen und geistlichen Dingen«, folgt sofort die Abwehr des sich nahelegenden Mißverständnisses, seine Herrschaft sei, weil nicht von dieser Welt[119], auch nicht in dieser Welt[120]: »Nicht als ob nicht alle Mächte auch der Erde und der Hölle ihm unterworfen wären (denn wie könnten wir sonst durch ihn vor diesen Mächten bewahrt und gerettet werden?).«[121]

Keine Frage also, daß die Herrschaft Jesu Christi sich auch über den sich uns so unabweisbar aufdrängenden weltlichen Bereich der harten »Dinglichkeit« erstreckt. Wobei unter »den Dingen« – entsprechend der Etymologie – durchaus alles begriffen ist, was zeitlich und in seiner

118. Vgl. Marcuse, aaO., 60.
119. »Regnum enim eius non est de hoc mundo« – 50,14.
120. Vgl. 80: »›Regnum meum non est hinc seu de hoc mundo‹, ait Christus, sed non dixit ›Regnum meum non est hic seu in hoc mundo‹.«
121. 50,14: »Non quod non omnia etiam terrena et inferna subiecta sint ei (alioqui quomodo posset nos ab illis tueri et salvare?).«

Wahrheit eben deshalb strittig ist und im rechtlichen Sinn zur Verhandlung steht[122]. Luther exemplifiziert es *anthropologisch* an der peinlichsten Erfahrung des zeitlichen Lebens, am Tod: »Wir müssen sterben leiblich und mag niemand dem Tod entfliehen, so müssen wir auch in vielen anderen Dingen unterliegen.«[123] Der Tod ist in der Tat ein besonders geeigneter Exemplarfall des zur Verhandlung stehenden Problems. Denn wenn die Herrschaft des von den Toten auferstandenen Jesus Christus über den Tod aller Menschen unmittelbar leiblich zu verstehen wäre, dürfte der Glaubende eben diesen Tod nicht mehr sterben. Wer den christlichen Glauben so auslegen wollte, als existiere der leibliche Tod für den Glaubenden nicht mehr, der würde den Glauben zweifellos nur als Absurdität behaupten können. Dieser Absurdität wehrt die Unterscheidung von *geistlich* und *leiblich,* von *innerem* und *äußerem,* von *altem* und *neuem* Menschen. Der Christ ist nach Luther als freier Herr in der Tat *aller* Dinge mächtig. Davon ist auch der Tod als der strittige Fall zeitlichen Lebens schlechthin nicht ausgenommen. Doch aller Dinge, also auch und gerade des leiblichen Lebens ist der Glaubende in dem Sinne mächtig, daß ihm nichts *ewig* schaden kann: »Es kann ihm kein Ding schaden zur Seligkeit. Ja, es muß ihm alles untertan sein und helfen zur Seligkeit.«[124] In diesem Sinn muß ihm »auch der Tod und Leiden . . . dienen und nützlich sein zur Seligkeit«[125].

Es ist also eine sowohl »objektiv« wie »subjektiv« *veränderte Einstellung* des ganzen Menschen zu seinem zeitlichen Ende, die durch Jesus Christus und den Glauben an ihn bewirkt wird. Und eben diese *veränderte Einstellung* des Menschen zu sich selbst und zu seinem Geschick ist der

122. Vgl. F. Kluge, Etymologisches Wörterbuch der Deutschen Sprache, bearb. von W. Mitzka, 1963[19].
123. 53,15.
124. Ebd.
125. Ebd.

Vollzug der Unterscheidung von innerem und äußerem Menschen, die ihrerseits begründet ist in Jesu Christi eigenem Sein und Werk. Als der Mensch, *der mit Gott eine Person ist,* ist Jesus Christus der gegenüber allen Menschen schlechthin *neue* Mensch, ist er der *reiche* Bräutigam, der »das arme verachtete böse Hürlein zur Ehe nimmt und sie entledigt von allem Übel, zieret mit allen Gütern«[126]. Als die eigentliche Erstgeburt Gottes des Vaters von der Jungfrau Maria ist Jesus Christus nicht nur der gegenüber allen Menschen besondere königliche Mensch und Hohepriester, sondern vielmehr der aller Menschen Dasein *wendende* König und Priester, der aus Beherrschten selber Herrschende, aus Laien selber Priester macht.

Und eben diese *Wende* ist ein Ereignis in der Welt, das in ihr zwischen alt und neu, zwischen leiblich und geistlich, zwischen äußerlich und innerlich zu unterscheiden zwingt. Besagt doch die Einheit Gottes mit dem Menschen Jesus, daß Gott der Menschheit als solcher näher gekommen ist, als diese sich selbst überhaupt nahe zu sein vermag – eben so wie der liebende Bräutigam der geliebten Braut *nahe* kommt. Und besagt doch das Königtum und Priestertum Jesu Christi, durch das er den Glaubenden zum König und Priester macht, daß Gott durch sein Evangelium und durch des Menschen Glauben jedem glaubenden Menschen näher kommt, als er sich selber nahe zu sein vermag. *Diese Nähe Gottes,* dieses *interior intimo meo* – mit Augustinus[127] zu reden – konstituiert die *theologische* Unterscheidung zwischen *außen* und *innen*. Wenn Gott in Jesus Christus mir näher kommt, als ich mir selber nahe zu sein vermag, dann *bin* ich, weil er in mir wirkend mich aus mir herausholt, ein »inwendiger« Mensch, der als solcher aus sich herausgehen kann und gerade im Akt des Aus-sich-heraus-Gehens ein freier Herr über alle Dinge ist und niemandem untertan.

126. 49,12.
127. Vgl. Augustinus, Confessiones III, c. 6, 11. CSEL 33, 53.

Das geschieht im Glauben. Der Glaube vollzieht den *Sinn* der Unterscheidung des inwendigen vom äußeren Menschen, während der Unglaube mit seiner Entscheidung des inwendigen Menschen für ein bloßes Doppelgängerdasein im Verhältnis zum äußeren Menschen die Unterscheidung des inneren vom äußeren Menschen *von innen heraus* unsinnig macht: »Wer aber nicht glaubt an Christus, dem dient kein Ding zu gut, ist ein Knecht aller Ding'; muß sich aller Dinge ärgern.«[128] Das ist nun freilich – trotz aller formalen Ähnlichkeit – *nicht* die Knechtschaft des Christenmenschen, die Luther am Anfang seiner Schrift behauptet hatte, als er formulierte: »Ein Christenmensch ist ein dienstbarer Knecht aller Ding' und jedermann untertan.«[129] Die Knechtschaft des Unglaubens besteht ja vielmehr gerade darin, daß sich der Mensch – weil er eben, als wäre er auch inwendig ein äußerlicher Mensch, nur in sich selbst bleibt – nicht verlassen kann. Demgegenüber geht der glaubende Mensch aus sich heraus, weil er sich auf den Gott verläßt, der ihm in Jesus Christus näher gekommen und inwendiger geworden ist, als ihm das selber jemals möglich wäre. Wenn Gott *in uns* ist, dann *sind* wir *außer uns*. Insofern lebt »ein Christenmensch ... nicht in ihm selber, sondern in Christus ..., durch den Glauben fährt er über sich in Gott«[130].

Nun wird auch deutlich, warum Luther die beiden Ämter Jesu Christi, sein Königtum und Priestertum, so streng dem Worte Gottes – also dem sogenannten prophetischen Amt – zuordnet, daß es geradezu heißen kann: »Christus ist um keines anderen Amtes willen gesandt worden, als das Wort Gottes zu predigen«[131]. *Herrscht* Jesus Christus doch durch sein *Wort* über die Menschen und nimmt er doch *lehrend* und *bittend* sein priesterliches Amt wiederum durch das

128. 55,16.
129. 37,1.
130. 79,30.
131. 40,5: »Neque Christus ad aliud officium missus est quam verbi.«

Wort wahr[132]. Durch sein Wort erreicht er den Menschen so, daß ihn Gott *unmittelbar* und *unbedingt* angeht. Wer dem Wort Gottes »mit einem rechten Glauben anhängt, dessen Seele wird mit ihm vereinigt so ganz und gar, daß alle Tugenden des Wortes auch eigen werden der Seele«, so daß der Mensch »ein wahrhaftig Kind Gottes wird«[133].

Das also ist der »inwendige« Mensch: der in der Gemeinschaft mit Gott existierende Mensch[134], der diese Gemeinschaft als eine solche des *Wortes wirklich* erfährt. Die Unterscheidung des inwendigen vom äußerlichen Menschen ist der anthropologische Ausdruck für den Wirklichkeitsbezug und Erfahrungsgehalt des Evangeliums. Im Ereignis dieser Unterscheidung – und daß sie überhaupt nur als sich ereignende theologisch sinnvoll ist, also *nicht* zwei anthropologische Konstanten gegeneinandersetzt, ist die unausgesprochene Basis der Argumentation Luthers – erfährt der Mensch, daß aus ihm etwas *wird,* was er selbst schlechterdings nicht aus sich selbst *machen* kann: Gottes Kind. Als vom Wort Gottes unmittelbar Angesprochener ist er das *Wesen der Wende,* das dazu bestimmt ist, im Glauben an Jesus Christus auch seinerseits ein *neuer* Mensch zu werden, der nur noch *gegen* das ihn unmittelbar und unbedingt ansprechende und angehende Wort Gottes ein *alter,* seine Inwendigkeit von innen heraus verfälschender Mensch sein kann. Als ein solcher Mensch wäre er im negativen Sinn ein Knecht aller Dinge, weil er gerade nicht von der Freiheit des inneren Menschen, aus sich herauszugehen, Gebrauch macht. Im positiven Sinn ein Knecht aller Dinge wird der Mensch hingegen dadurch, daß er nicht bei

---

132. Vgl. 53,14 und 55,16.
133. 45,10.
134. W. Joest (Ontologie der Person bei Luther, 1967, 376) nennt den Menschen, der das ihm zugesprochene Sein der Gemeinschaft mit Gott bejaht und im Vollzug dieser Bejahung als Mensch existiert, treffend ein gegenüber dem ihm zugesprochenen Sein »enklitische[s]‹ Selbst«.

sich selbst bleibt, sondern glaubend als ein freier Herr
»über sich in Gott« fährt, um aus der Freiheit Gottes in den
Dienst des Nächsten zu treten: »aus Gott fährt er wieder
unter sich durch die Liebe«. So wird er *als* freier Herr zum
dienstbaren Knecht aller Dinge, der wiederum nicht in sich
selbst, sondern als er selbst im Nächsten lebt[135].

9. Der Sinn des Wechsels:
die Freiheit der menschlichen Person

Die Tätigkeit der Liebe, zu der der neue, innere Mensch
frei geworden ist, macht nun auch den äußerlichen Menschen eigens thematisch. Sie bringt ihn aber nicht als ein
eigenes, selbständig abzuhandelndes Thema zur Sprache.
Das wäre abstrakt. Konkret kann der äußerliche Mensch
nur zur Sprache gebracht werden, wenn die Beziehung
zwischen äußerem und innerem Menschen thematisch gemacht wird. Diese Beziehung ist aber sowohl die eines
Kampfes, wie Luther schon am Eingang seiner Schrift
dargelegt hatte, wie die einer Konformität. Auf letztere gilt
es nun einzugehen, wobei der Kampf zwischen beiden
Menschen immer mit thematisiert ist. Doch es geht jetzt
um den sich im Kampf abzeichnenden Sieg.
Ist die *Befreiung zur Liebe* noch durchaus ein sich im
inwendigen Menschen und über diesen entscheidendes Ereignis, so äußert sich die Liebe selbst notwendig in Tätigkeiten, die als solche allemal Aktionen des äußeren Menschen sind. Die anthropologische Unterscheidung wird
nunmehr in der Differenz von Person und Werk relevant.
Luther betont, »daß immer die Person zuvor muß gut und
fromm sein vor allen guten Werken und gute Werke müssen folgen und ausgehen von der frommen, guten Per-

135. 79,30.

son«[136]. Dabei ist »die Person« offensichtlich identisch mit dem »inwendigen Menschen«, für den entscheidend ist, daß er sich nicht selbst konstituiert. Entsprechend konstituiert sich auch die Person nicht selbst, nicht durch ihre eigenen Taten. Zum Täter wird die Person erst durch die Liebe. Konstituiert wird die Person hingegen durch das Wort Gottes und durch die ihm entsprechende oder aber widersprechende Entscheidung zwischen Glauben und Unglauben. Die – je nach ihrer Entscheidung – freie oder unfreie Person aber äußert sich in ihren Taten. Und das Medium ihrer Taten ist der äußerliche Mensch. Der inwendige Mensch lebt sein Leben eben nicht nur als Hörer des Wortes, sondern als Hörer des Wortes Gottes »bleibt er doch noch in diesem leiblichen Leben auf Erden und muß seinen eigenen Leib regieren und mit Leuten umgehen. Da heben sich nun die Werke an«[137].

Der äußere Mensch aber ist von sich aus ganz und gar nicht geneigt, das zu tun, was dem Glaubenden selbstverständlich ist. Während der Glaubende aus Dankbarkeit gegen Gott geradezu »alle seine Lust darein« setzt, Gott »umsonst« zu »dienen in freier Liebe, so findet er in seinem Fleisch einen widerspenstigen Willen, der will der Welt dienen und suchen, was ihn gelüstet. Das mag der Glaube nicht leiden und legt sich mit Lust an seinen Hals, um ihn zu dämpfen und ihm zu wehren«[138]. So sehr also der inwendige Mensch »frei, fröhlich und umsonst tun« will, was Gott wohlgefällt[139], so sehr muß doch der äußere Mensch regiert werden, damit er das Gebotene tut. Es gehört geradezu zur Funktion des inwendigen Menschen, den äußeren zu regieren und zu einer Tätigkeit anzuhalten, die dem Glauben des inwendigen Menschen entspricht, so daß die Werke des äußeren Menschen Taten der Liebe

136. 63,23.
137. 59,20.
138. Ebd.
139. 73,27.

werden. Auf diese Weise wird der auf die Werke seiner Lust bedachte äußerliche Mensch dem inwendigen Menschen ebenso konform wie der inwendige Mensch durch seinen Glauben Gott konform geworden ist: »Hier ist in der Tat dafür zu sorgen, den Leib . . . dem Geist untertan zu machen, auf daß er dem inneren Menschen und dem Glauben gehorsam und gleichförmig sei . . . Der innere Mensch ist nämlich Gott gleichförmig . . .«[140]. Und wie die Konformität des inwendigen Menschen mit Gott durch das Sein Jesu Christi und sein Amt sacramentaliter vermittelt ist, so wird Jesus Christus als *Exempel* maßgebend, wenn der äußere Mensch dem inneren und durch dessen Vermittlung letztlich ebenfalls Gott konform werden soll. Hat Jesus Christus sich in Freiheit zum Knecht gemacht, so »soll ein Christenmensch wie Christus, sein Haupt«, obwohl »er nun ganz frei ist, sich wiederum willig zu einem Diener machen, um seinem Nächsten zu helfen«[141]. Ein gehorsamer Diener muß der äußere Mensch dabei zunächst erst einmal gegenüber dem inwendigen Menschen und insofern gegenüber Gott geworden sein. Erst daraufhin kann er in freier Liebe zum »dienstbaren Knecht aller Dinge« werden, der »*jedermann* untertan« ist.

Luthers Unterscheidung derselben Person in einen innerlichen und einen äußerlichen Menschen hat also ganz gewiß nicht zum Ziel, den Weltbezug des Christen theologisch herabzusetzen zugunsten einer »reinen Innerlichkeit«, die als »freischwebende« für sich selbst bleibt, ein Ideal, das »keinen Idee*ninhalt,* keinen positiven Wert, keine Angabe einer Vernunftkraft, keine zielbestimmte Tätigkeit der Seele oder des Geistes in seine Bedeutung aufnimmt«, wie Max Scheler polemisierte[142]. Und auch davon kann keine

140. 58,20: »hic certe curandum, ut corpus . . . spiritui subdatur ut homini interiori et fidei obediat et conformis sit . . . Interior enim homo conformis deo . . .«
141. 71,27.
142. Siehe oben S. 65.

Rede sein, daß unsere Schrift hinauslaufe auf die »Rechtfertigung der wirklichen Unfreiheit und Ungleichheit als Folge der ›inneren‹ Freiheit und Gleichheit«, wie Marcuse konstatieren zu müssen glaubte[143]. Das Gegenteil ist der Fall.

Wie sehr Luther auf das Gegenteil dessen aus ist, was man ihm dann nachgesagt hat, zeigt gerade seine Parallelisierung der Konformität des inwendigen Menschen mit Gott einerseits und der Konformität des äußeren mit dem inwendigen Menschen andererseits. In beiden Fällen geht es um eine *Bestimmung zur Entsprechung,* so daß wir es in formaler Hinsicht mit einem doppelten Entsprechungsverhältnis zu tun haben: es soll sich verhalten der äußere Mensch zum inneren Menschen, wie der innere Mensch zu Gott. Die Unterscheidungen dienen dem besseren Erfassen des zu wahrenden Zusammenhanges. Was so schon von der formalen Struktur des Entsprechungsverhältnisses her deutlich wird, findet seine materiale Bestätigung dadurch, daß keineswegs nur das Verhältnis des inneren Menschen zu Gott christologisch vermittelt ist, sondern eben auch die Konformität des äußeren mit dem inneren Menschen unter christologischem Vorzeichen steht. Zwar legt Luther größten Wert darauf, daß die Entsprechung des inneren Menschen zu Gott allein Gottes Werk ist, der Mensch bei ihrem Zustandekommen also gerade nicht als Täter, sondern ausschließlich als Hörer und Glaubender in Betracht kommt: »Die Person aber macht niemand gut, denn allein der Glaube.«[144] Diese Konformität kennt den Menschen nur als Nehmenden, der Gott nichts anderes zu geben vermag als die Ehre, sich selbst von ihm allererst zu empfangen. Deshalb wirkt Jesus Christus ohne jede menschliche Zutat, wenn der innere Mensch dem freien Gott konform und also ein freier Herr aller Dinge werden

143. Siehe oben S. 62.
144. 65,24.

soll[145]: »wo er frei ist, braucht er nichts zu tun«[146]. Es geht hier, wie Luther im Anschluß an Augustinus gern zu sagen pflegt, um das sakramentale Verständnis der Wirklichkeit Jesu Christi, um das Verständnis Jesu Christi als sacramentum[147]. Aber derselbe Jesus Christus will, wenn er ohne unser Zutun als sacramentum gewirkt hat, nun eben auch als exemplum zur Geltung kommen, indem er den befreiten Menschen in die Nachfolge ruft. Und dazu muß dieser nun seinerseits tätig, muß der Hörer des Wortes Gottes zum Täter des Wortes, muß sein Glaube in der Liebe werktätig werden. Genau das spielt sich ab, wenn der äußere Mensch dem inneren konform wird, indem der freie Herr über alle Dinge, der niemandem untertan ist, zum dienstbaren Knecht und jedermann untertan wird: »wo er Knecht ist, muß er allerlei tun«[148]. Es kann also keine Rede davon sein, daß nach dieser Auffassung der christlichen Freiheit »selbst Christus« dazu bestimmt ist, in »den unsagbaren Tiefen der ›reinen Innerlichkeit‹ schlechthin harmlos« zu werden[149]. Jesus Christus ist vielmehr die gestaltende Kraft durchaus auch des weltlichen Lebens des Christenmenschen. Es waltet eine christologische Stringenz in der Proportionalitätsanalogie, in der Gott und Mensch, aber eben auch Mensch und Welt gleichermaßen streng voneinander unterschieden und – eben deshalb! – intensiv miteinander verbunden werden.

Man kann Luthers Intention also gar nicht ärger verfehlen, als wenn man seine Unterscheidung von innerem und

---

145. Auf einer ganz anderen Ebene liegt das Mitwirken der Christen bei der Verkündigung des Wortes Gottes, im Blick auf die Luther mit Paulus die Glaubenden durchaus als cooperatores bezeichnet. Vgl. De servo arbitrio. 1525, WA 18, 695,23ff und 753,20ff.
146. 59,19.
147. Vgl. Augustinus, De trinitate IV, c. 3 n. 6, CChr.SL Bd. L, 1968, 167 mit WA 9, 18ff; 56, 321,22–322,9; 1, 309,16ff, 337,13ff; 2, 141,11f; 9, 440f; 10/I.1,10,20–12,3; 39/I, 356,35ff u. ö.
148. 59,19.
149. Siehe oben S. 64.

äußerem Menschen und die Behauptung eines zwischen beiden stattfindenden Kampfes als Plädoyer für einen anthropologischen Dualismus mit »doppelter Moral« ausgibt[150]. Luthers Unterscheidungen haben vielmehr den Sinn, den zu wahrenden Zusammenhang von Gott, Mensch und Welt davor zu bewahren, als ein *richtungsloser* Zusammenhang mißverstanden und mißbraucht zu werden. Es kommt ihm auf die theologische Konstitution dieses Zusammenhanges an, der sich eben nicht beliebig aufbauen läßt: »Gute, fromme Werke machen nimmermehr einen guten, frommen Mann, sondern ein guter, frommer Mann macht gute, fromme Werke . . ., also daß immer die Person zuvor gut und fromm sein muß vor allen guten Werken und gute Werke folgen und ausgehen müssen von der frommen, guten Person.«[151] Weil der Mensch niemals das Ergebnis seines Wirkens sein kann, kommt die – in der gegenwärtigen Theologie mitunter in größter Harmlosigkeit rezipierte – Kategorie der Selbstverwirklichung nur per nefas in Betracht. Weil mit dem dieser Kategorie zugrundeliegenden Wirklichkeitsverständnis[152] sowohl der Mensch als auch Gott verfehlt wird, deshalb bestreitet Luther der metaphysischen und der moralischen Konstitution des Zusammenhangs von Gott, Mensch und Welt ein christliches Verständnis des Menschen zwischen Gott und Welt anbieten zu können. Dieses aber lebt davon, daß Gott sich nicht behandeln läßt. Würde man darauf verzichten, den inneren vom äußeren Menschen – in welcher Terminologie auch immer – zu unterscheiden, dann müßte man den Menschen ganz und gar als Handelnden und in seinem Handeln sich selbst Verwirklichenden verstehen. Dann bin ich meine Tat. Und der Nicht-Handelnde wäre allenfalls eine Inter-

150. Siehe oben S. 60.
151. 63,23.
152. Vgl. E. Jüngel, Die Welt als Möglichkeit und Wirklichkeit. Zum ontologischen Ansatz der Rechtfertigungslehre, in: Unterwegs zur Sache. Theologische Bemerkungen, 1972, 206–233.

ruption des handelnden Menschen, eine Unterbrechung der vita activa, eine Pause, die – wie vermeintlich der Schlaf – vielleicht sein muß, aber eigentlich nicht sein sollte. Doch ein solches Verständnis läuft notwendig darauf hinaus, die Beziehung des Menschen zu Gott ihrerseits dem menschlichen Handeln unterzuordnen. Um dies zu verhindern, muß Luther seine Ausführungen über den äußeren Menschen als eine Erörterung des Verhältnisses von Person und Werk durchführen und diskutieren, »inwiefern gute Werke zu verwerfen und nicht zu verwerfen sind«[153]. Die besten Werke sind »schon nicht gut«, wenn sie das Sein des Menschen zu konstituieren beanspruchen. Denn damit »schmähen« sie »die Gnade Gottes«[154]. Gott wird dann wie die Welt als Mittel zum Zweck der menschlichen Selbstverwirklichung behandelt – oder aber, weil er für den sich im Handeln selbst verwirklichenden Menschen kein sinnvolles Thema sein kann, ganz außer Betracht gelassen: Götzendienst oder Atheismus, Aberglaube oder Unglaube scheint dann die Alternative zu sein.

Demgegenüber gibt die theologische Unterscheidung von innerem und äußerem Menschen dem Zusammenhang von Gott, Mensch und Welt eine *unumkehrbare Richtung,* die es verwehrt, den Menschen ausschließlich als Handelnden zu verstehen. Durch Handeln bringt er sich eben nicht selbst hervor und vermag er sich auch nicht in seinem Sein zu erhalten: »Ehe der Mensch geschaffen wird, um Mensch zu sein, tut er nichts oder versucht auch nichts, wodurch er eine Kreatur werden könnte, und dann, wenn er gemacht und geschaffen ist, tut oder versucht er nichts, wodurch er eine Kreatur bleibt.«[155] Vor allem Handeln kommt er vielmehr als Seiender und als Werdender in Betracht, der

153. 67,25.
154. Ebd.
155. De servo arbitrio. 1525, WA 18, 754,1–3: »homo antequam creatur, ut sit homo, nihil facit aut conatur, quo fiat creatura, Deinde factus et creatus nihil facit aut conatur, quo perseveret creatura.«

gerade nicht durch sein Tun wird, was er ist. Dafür steht die theologische Kategorie des inneren Menschen gut. Mit ihr wird ontologisch darauf insistiert, daß der Mensch sich nicht selber zu dem macht, was er ist, sich also nicht selbst *erwerben* kann. Denn darauf läuft ja alle Selbstverwirklichung durch Handeln hinaus: daß ich mich am Ende selber habe, selber besitze. Das Ziel aller Selbstverwirklichung ist der Selbstbesitz, die uneingeschränkte Selbsthabe. Diesem Ziel dient letztlich auch die *philosophische* Unterscheidung von innen und außen, insofern sie dem von äußeren Bindungen freien Menschen verspricht, niemandes Besitz zu sein und so sich uneingeschränkt selbst zu besitzen. Ganz anders dient hingegen die von Luther rezipierte paulinische Rede vom inneren Menschen dazu, dem Menschen gerade zu bestreiten, daß er sich selbst jemals zu haben vermöchte. Statt sich selbst zu haben, ist er vielmehr, sich selber entzogen, dazu bestimmt, zu sein und zu werden. Das genügt. Jedenfalls dann, wenn der Mensch ist, was er durch Gottes Gnade wird. Durch unser Handeln werden wir Habende, die etwas oder vieles haben wollen, um sich selbst haben zu können. Durch Gottes Gnade werden wir Glaubende und Liebende. Im Glauben und in der Liebe aber werden wir aus Habenden wieder Seiende und als solche Werdende, an denen Gott baut. Der Mensch ist sich selbst zu seinem eigenen Besten entzogen. Gerade deshalb ist er frei für den Mitmenschen, frei zum Dienst der Werke.

10. Die Folge des Wechsels: der Dienst der menschlichen Werke

Im Blick auf den *äußeren Menschen* hat dessen Bestimmung durch den inneren Menschen eine doppelte Funktion. Sie macht zunächst den Menschen in seinem Selbstverhältnis thematisch, insofern sie von den Werken redet, »die ein Christenmensch gegenüber seinem eigenen Leibe üben soll«[156]. Sie macht dann aber ebenso den Menschen in seinem Verhältnis zu *allen* andern Menschen auf Erden thematisch, zu deren Gunsten sich der Glaube mit Lust und Liebe ins Werk setzt – in das Werk freiester Knechtschaft: »Denn der Mensch lebt nicht für sich allein in diesem seinem sterblichen Leibe, um in ihm zu wirken, sondern auch für alle Menschen auf Erden, ja er lebt nur für andere und nicht für sich . . . Siehe, dies ist in Wahrheit ein christliches Leben, hier ist in der Tat der Glaube durch die Liebe wirksam, d. h. er geht mit Freude und Liebe an das Werk freiester Knechtschaft, in der er dem anderen gern und aus freien Stücken dient.«[157] Keinem Individualismus des christlichen Lebens, sondern der sozietären Struktur der vita christiana redet Luther das Wort. Und diese soll wiederum nach dem Exempel Christi gestaltet werden, so daß wir aus dem ihm zu verdankenden Überfluß des Lebens unseres inneren Menschen »frei, fröhlich und umsonst« tun, was Gott wohlgefällt[158]. Dann wird einer dem anderen zum Christus[159]. Auch die gesellschaftliche und staatsbürgerliche Pflicht im Sinne von Römer 13 und Titus 3 erfüllt der Christ »aus Liebe und Freiheit«[160].

In ethischer und sozialethischer Hinsicht legt Luther also größten Wert auf die *Einheit* von innerem und äußerem Menschen. In dieser Dimension soll sich die *gewonnene* Freiheit des Glaubens sozusagen ausleben, ja regelrecht

156. 69,26.
157. 68,26: »Non enim homo sibi vivit soli in corpore isto mortali ad operandum in eo, sed et omnibus hominibus in terra, immo solum aliis vivit et non sibi . . . Ecce haec est vere Christiana vita, hic vere fides efficax est per dilectionem, hoc est, cum gaudio et dilectione prodit in opus servitutis liberrimae, qua alteri gratis et sponte servit.«
158. 73,27.
159. 72,27: »invicem mutuoque sumus alter alterius Christus facientes proximis, sicut Christus nobis facit.«
160. 75,28.

ausarbeiten. Aber die Einheit von innerem und äußerem Menschen muß immer wieder allererst entstehen, und zwar so, daß in ihr die vorausgesetzte Unterscheidung ihre Fruchtbarkeit erweist. Das ist in zweierlei Hinsicht der Fall.

Zunächst einmal bewahrt jene Unterscheidung vor einer den Widerstand gegen Gottes guten Willen überspielenden Identifikation des Reiches der Gnade und Freiheit mit dem Bereich der Welt. Diesen Widerstand bekommt der Mensch ja schon in seinem Selbstverhältnis zu spüren, insofern der Glaubende »in seinem Fleisch« einen Widerwillen gegen Gottes Gnade antrifft. So wenig das Selbstverhältnis des Menschen von Hause aus widerspruchslos ist, so wenig ist es das Weltverhältnis des Menschen. Denn der »widerspenstige Wille«, den der Glaube »in seinem Fleisch« vorfindet, hat selber ja bereits ein bestimmtes Weltverhältnis: »der will der Welt dienen«[161]. Sich mit ihm anzulegen und ihn zu dämpfen, versteht sich für den Glauben als eine Aufgabe, die er »mit Lust« befolgt. Aber alle Lust kann nicht über die Schwierigkeit der Aufgabe hinwegtäuschen, die nun allerdings dem *Handeln* des Menschen zugemutet wird und ihn ganz und gar als Täter fordert.

Damit ist aber auch schon die andere Bedeutung, mit der sich jene Unterscheidung innerhalb der Einheit von innerem und äußerem Menschen zu bewähren hat, genannt. Macht sie doch den Menschen als verantwortliches Subjekt seiner Taten thematisch. Diese Verantwortung für sein Handeln ist um so stärker, als der Mensch durch sein Handeln und durch die daraus entspringenden Taten und Werke nicht wiederum sein Sein als Person selber zu verantworten hat. Hier erweist sich die beziehungsvolle Distanz, die mit der Unterscheidung von innerem und äußerem Menschen frei gesetzt wird, zwischen Sein und

161. 59,20.

Sollen[162], zwischen der sich selbst empfangenden Person und ihren Tätigkeiten, zwischen intensivster, also nicht toter, sondern höchst lebendiger Passivität und extensiver Aktivität des Menschen, als Angelpunkt für das Verständnis christlicher Freiheit und damit des theologischen Verständnisses des Menschen überhaupt. Wird der innere Mensch durch Gnade und Glauben ein Gott entsprechender Mensch, so hat dieses sein Sein allein Gott zu verantworten. Der Verantwortung für sich selber ledig, ist der Mensch aber um so mehr seinem Gott verantwortlich für das, was *nunmehr* er aus sich selber macht. Das in der beziehungsreichen Unterscheidung von innerem und äußerem Menschen spielende menschliche Selbstverhältnis und Weltverhältnis wird im Blick auf das menschliche Handeln in die Dimension letzter Verantwortung gebracht. Geht es doch darum, durch das Handeln den äußeren Menschen in seinem uneingeschränkten Weltbezug dem inneren Menschen und damit – wenn denn dieser Gott konform (conformis deo) ist – Gott selbst zur Entsprechung zu bringen. Luthers anthropologische Unterscheidungen haben ihre Pointe im *Sieg* dieser Entsprechung von Gott und Mensch innerhalb des vom Widerspruch gegen Gottes Gnade und insofern auch schon vom Selbstwiderspruch gezeichneten Daseins. »Du siehst also: durch die Liebe tun wir die Werke frei, heiter, alles vermögend und siegen in allen Bedrängnissen – wir sind Diener gegenüber unseren Nächsten, aber nichts desto weniger in allen Dingen Herren.«[163]

Ohne jene fundamentalen Unterscheidungen würde man

162. Man könnte auch sagen: zwischen Wollen und Sollen, insofern es ja zum Sein des inneren Menschen gehört, seine Freiheit spontan und mit Lust in die Tat der Liebe umsetzen zu wollen, während der äußere Mensch dazu erst gebracht werden muß, indem er vom inneren Menschen regiert wird. Der äußere Mensch *soll* tun, was der innere *will*.

163. 72,27: »Vides ergo . . . charitatem, qua liberi, hilares, omnipotentes operatores et omnium tribulationum victores, proximorum servi, nihilominus tamen omnium domini sumus.«

hingegen den Selbstwiderspruch im Dasein des Menschen und seiner Welt ebenso wie den sich darin ausweisenden Widerspruch gegen Gottes Gnade bagatellisieren und damit die Faktizität der Sünde als theologisches Thema verlieren. Etsi peccatum non daretur, argumentiert dann auch häufig genug eine so verfahrende »Theologie«, wenn sie es nicht vorzieht, den Selbstwiderspruch im Dasein des Menschen und seiner Welt einfach als ein *moralisches* Defizit zu erklären und gegen die derart identifizierte Sünde so etwas wie moralische Aufrüstung oder politische Moral zu setzen. In beiden Fällen wird das christliche Verständnis des Menschen verspielt. Die Unterscheidung von innerem und äußerem Menschen wehrt demgegenüber einerseits der naiven Auffassung, es ließe sich das Reich Gottes in unmittelbarer Identität mit einem der Reiche dieser Welt herbeiführen. Sie wehrt aber andererseits zugleich, indem sie den inneren als den neuen Menschen dem äußeren und alten Menschen so entgegensetzt, daß dieser in den Dienst des neuen gestellt wird – »daß er dem inneren Menschen und dem Glauben gehorsam und gleichförmig werde«[164] –, der defaitistischen Auffassung, als sei es dem Christenmenschen erlaubt, sich im Blick auf den Lauf der Welt einer religiösen Spekulation à la baisse zu überlassen. Umgekehrt: »Hier darf er nicht müßig gehen«[165].

Hier gilt es vielmehr, inmitten des widersprechenden weltlichen Lebens »*mit Lust*« den vernünftigen Gottesdienst einer »in freier Liebe« sich vollziehenden Tätigkeit zum Wohle der »Leute« zu feiern, mit denen er »umgehen«[166] muß: »daß er mit Freude und Lust Gott diene in freier Liebe«[167]. Wo solche Taten fehlen, da fehlt auch die Liebe und die christliche Freiheit, da herrscht monarchisch die Sünde. Da gilt es dann, Gesetz und Evangelium zu predi-

---

164. 59,20.
165. Ebd.
166. Ebd.
167. 58,20: »ut cum gaudio et gratis deo serviat in libera charitate.«

gen – aber eben beides! »Nicht nur eines, sondern beide sind als Wort Gottes zu verkündigen, Neues und Altes ist aus diesem Schatz vorzutragen, sowohl die Stimme des Gesetzes als auch das Wort der Gnade. Die Stimme des Gesetzes muß ertönen, damit die Menschen erschreckt und zur Erkenntnis ihrer Sünden geführt und von dort aus zur Buße und zu einer besseren Lebensweise bekehrt werden. Aber dabei darf man nicht stehenbleiben. Das hieße nämlich: nur zu verwunden und nicht zu verbinden, zu schlagen und nicht zu heilen, zu töten und nicht lebendig zu machen, in die Hölle zu führen und nicht wieder herauf, zu erniedrigen und nicht zu erhöhen. Deshalb muß auch das Wort der Gnade und der verheißenen Vergebung gepredigt werden, um den Glauben zu lehren und zu stärken; das Gesetz aber, die Reue, die Buße und alles andere geschieht ohne dieses Wort vergeblich und wird vergeblich gelehrt.«[168]

So wie Gesetz und Evangelium inmitten strengster Unterschiedenheit doch so aufeinander bezogen sind, daß sich mit ihrer Hilfe die *Gnade* Gottes durchsetzt, so soll die Unterscheidung von innerem und äußerem Menschen den Folgen der Freiheit des Glaubens in freien Taten der Liebe, deren die Welt so dringend bedarf, zugutekommen. Nicht einem Dualismus, aber eben auch keiner Identität zwischen »dieser« und »jener Welt« redet die Unterscheidung von innerem und äußerem Menschen das Wort, sondern sie ermöglicht es, anthropologisch ernst zu nehmen, daß es auf Erden schon »ein Anheben und Zunehmen«, aber eben

---

168. 66/68,25: »Non enim alterum tantum sed utrunque verbum dei praedicandum est, nova et vetera proferenda de thesauro, tam vox legis quam verbum gratiae. Vocem legis proferri oportet, ut terreantur et in suorum peccatorum notitiam reducantur, et inde ad poenitentiam et meliorem vitae rationem convertantur. Sed non hic sistendum: hoc enim esset solum vulnerare et non alligare, percutere et non sanare, occidere et non vivificare, deducere ad inferos et non reducere, humiliare et non exaltare. Ideo et verbum gratiae et promissae remissionis ad docendam et erigendam fidem praedicari debet, sine quo lex, contritio, poenitentia et omnia alia frustra fiunt et docentur.«

auch nur erst ein Anheben und Zunehmen des Neuen gibt, »welches wird in jener Welt vollbracht«[169]. Durch das Handeln des Menschen wird das Neue wohlgemerkt nicht vollbracht, weil es eben auf Erden überhaupt nicht vollendet wird. Aber gerade diese Einsicht nötigt zum Handeln in der alt bleibenden Welt, damit diese in ihrer auch inmitten aller Veränderungen alt bleibenden Seinsweise wenigstens zum Ansatz eines Gleichnisses für das Reich der Freiheit werden kann. Wo dies geschieht, fällt auf die Konformität des äußeren mit dem inneren Menschen von der Konformität des inneren Menschen mit Gott her das Licht der Verheißung, das das ganze Entsprechungsverhältnis als eine inmitten noch so großen Widerspruches immer noch größere Entsprechung zwischen Mensch und Gott zu verstehen erlaubt.

Ihre irdische, ihre weltliche Pointe hat die sich inmitten des Widerspruches schon jetzt wenigstens ansatzweise durchsetzende Entsprechung von Gott und Mensch gemäß der soziätären Struktur des christlichen Lebens in der gemeinsamen Teilhabe an den Gütern Gottes. Luther formuliert geradezu eine Überflußregel: »diese Regel soll gelten, daß die Güter, die wir von Gott haben, von dem einen zum anderen fließen und allgemein werden.«[170] So wie Gottes Güter von Jesus Christus auf uns überströmen, indem er sich unser angenommen hat, als wäre er unseresgleichen, so sollen sie nun von uns auf diejenigen überfließen, die ihrer bedürfen. Dabei setzen sich die geistlichen Güter in irdische um, insofern der dem inneren entsprechende äußere Mensch genau das tut, was dem anderen »not, nützlich« sei. Was nötig ist, das *sieht*[171] der Mensch, dem der innere die Augen öffnet: »Ich will mich deshalb meinem Nächsten

169. 58/59,19: »donec in carne vivimus, non nisi incipimus et proficimus, quod in futura vita perficietur.«
170. 78,29: »ista regula oportet, ut quae ex deo habemus bona fluant ex uno in alium et com[m]unia fiant.«
171. 73,27.

hingeben als ein Christus . . ., indem ich nichts anderes in diesem Leben tun werde als das, was ich als für meinen Nächsten notwendig und nützlich erkenne.«[172] »Die Zielsetzungen und Bestrebungen der Liebe . . . ergeben sich aus nichts anderem als aus der Analyse der Wirklichkeit, also unter Einschaltung der Vernunft . . . die zur Liebe Erweckten haben Augen, Ohren und Gehirnzellen, sie sehen und zeigen einander die Nöte der Mitmenschen, fragen nach den Ursachen und den Methoden der Hilfe und bekommen dafür von der Liebe das Ziel gezeigt, natürlich sehr wohl auch für die gesellschaftlichen Verhältnisse«[173], wie zum Beispiel andere Schriften Luthers aus demselben Jahr zeigen.

Aber auch die *geistliche* Not des Nächsten erblickt der freie Mensch, wenn er ernsthaft danach fragt, was jenem »not, nützlich und seliglich sei«[174]. Und so kommt die Umsetzung der überfließenden geistlichen Güter Gottes in die Dimension der irdischen Bedürfnisse wiederum dem geistlichen Leben zugute: Sollen doch »Gottes Güter . . . fließen zu denen, die ihrer bedürfen. Auch so gar, daß ich muß auch meinen Glauben und meine Gerechtigkeit für meinen Nächsten setzen vor Gott, um seine Sünden zu decken, auf mich nehmen und nicht anders tun, als wären sie mein eigen, eben wie Christus uns allen getan hat. Sieh, das ist die Natur der Liebe, wo sie wahrhaftig ist. Da ist sie aber wahrhaftig, wo der Glaube wahrhaftig ist.«[175]

Daß der Glaube wahrhaftig Glaube sei und bleibe – das ist es, was Luther, wenn er denn der gegenwärtigen Theologie etwas bedeuten soll und kann, dieser als ihre eigentliche

172. 72,27: »Dabo itaque me quendam Christum proximo meo . . ., nihil facturus in hac vita, nisi quod videro proximo meo necessarium, com[m]odum.«
173. H. Gollwitzer, Wo kein Dienst ist, da ist Raub, in: Müssen Christen Sozialisten sein? Zwischen Glaube und Politik. Beiträge von E. Jüngel, H. Gollwitzer u. a., hg. von W. Teichert, 1976, 109.
174. 73,27.
175. 77/79,29.

Sorge und vordringliche Aufgabe erneut auf die Tagesordnung setzt. Verantwortet Theologie denkend die Wahrheit des Glaubens, dann leitet sie eben damit auch schon zu verantwortlichem Handeln innerhalb der Wirklichkeit des Lebens an. Dispensiert sie sich jedoch von der Verantwortung für die Wahrheit des Glaubens, um sich statt dessen den dringlichen und angeblich dringlicheren Problemen des konkreten und angeblich konkreteren Lebens zuzuwenden – als wäre die Wahrheit des Glaubens leblos und abstrakt! – dann ist sie inmitten ihrer Beschäftigung mit der Wirklichkeit des Lebens als Theologie vom Tode bedroht. In einer solchen Situation könnte die Erinnerung an Grundeinsichten Martin Luthers therapeutische Funktion gewinnen. Zumindest aber hat sie diagnostischen Wert.

Ich habe mit diesen Darlegungen zu erzählen versucht, inwiefern Luther für die gegenwärtige Theologie merklicher Bedeutung gewinnen könnte, als das zur Zeit der Fall ist. Dabei habe ich rigoros ausgewählt. Das geht ohne Gewaltsamkeit nicht ab. Aber wenn schon für die Bibel gilt, daß man auch in ihr zu unterscheiden hat, so darf dasselbe erst recht – ceteris imparibus – auf den Umgang mit der Weimarer Ausgabe angewendet werden. Auch in ihr gibt es nicht wenig, das »gehet mich nicht an, betrifft mich auch nicht«. Aber »auf das« in ihr, »das mich angehet, mag ich's kühnlich wagen . . .«[176]. Ich habe es gewagt. Attemptavi . . .

176. Über das 1. Buch Mose. Predigten. 1527, WA 24, 12,22–24.

»INNERER MENSCH«

Der älteste mir bekannte Beleg für die Unterscheidung eines inneren Menschen (ὁ ἐντὸς ἄνθρωπος) von der äußeren Gestalt des Menschen steht in Platons Politeia. Er begegnet im Zusammenhang einer Erörterung der Frage, ob Unrechttun dem Ungerechten dann Nutzen bringt, wenn er den Anschein des Gerechten zu wahren versteht (Buch 9, 588b 2–4). Platon gibt seine Antwort in Gestalt eines Mythos, indem er als Gleichnis der Seele seinerseits eines jener Fabelwesen erdichtet, die viele Gestalten in einer einzigen vereinigen. Ein vielgestaltiges Tier mit vielen – teils zahmen, teils wilden – Köpfen, dazu ein Löwe und ein Mensch werden zu einem Ganzen verbunden, um das herum dann als die Gestalt eines einzigen Wesens die des Menschen gebildet wird, »so daß demjenigen, der das Innere nicht zu sehen vermag, sondern bloß die äußere Hülle sieht, ein einziges Lebewesen erscheint: ein Mensch« (588d 11–e 1). Wer die Ungerechtigkeit für nützlich hält, wird durch dieses Gleichnis ad absurdum geführt, insofern er dann behauptet, die Ernährung allein des vielgestaltigen Tieres und des Löwen, aber nicht des Menschen im Menschen nutze diesem, obwohl es ihn doch in Wahrheit schwächt. »Wer dagegen die Gerechtigkeit für nutzbringend hält, sagt der nicht, man müsse das tun und das sagen, wodurch der innere Mensch über den (ganzen) Menschen im Höchstmaß die Herrschaft erlangt (ὅϑεν τοῦ ἀνθρώπου ὁ ἐντὸς ἄνθρωπος ἔσται ἐγκρατέστατος), . . . für alle (Teile) gemeinsam besorgt, indem er Freundschaft stiftet zwischen ihnen und mit sich selbst und sie so aufzieht?« (589a 6–b 6). – Der innere Mensch ist hier zusammen mit den inneren Tieren der äußeren Erscheinung des Menschen kontrastiert. Dabei stehen die inneren Teile dieses Menschen für

116

die verschiedenen Teile der Seele, deren bester Teil als das Göttliche im Menschen identifiziert wird, dessen Herrschaft über die anderen Teile auch für diese – der Knecht wird nicht zu seinem Schaden beherrscht! – das Beste ist (590e 1–591a 3). Berücksichtigt man, daß Platon im selben Zusammenhang die Herrschaft des göttlichen Seelenteiles oder inneren Menschen auch als Folgsamkeit der Begierden gegenüber der ἐπιστήμη und dem λόγος beschreibt (586d 4–587a 1), so scheinen die platonischen Unterscheidungen den Boden für die Bestimmung des Menschen als ζῷον λόγον ἔχον zu bereiten.

Platons Rede vom inneren Menschen hat dann Schule gemacht. Plotin (Enn. V/1, 10) wird sie später ausdrücklich zitieren und im Sinne seiner Lehre von der Seele interpretieren, wobei nunmehr der Mensch, οἷον λέγει Πλάτων τὸν εἴσω ἄνθρωπον, der außerhalb des Sinnlichen (αἰσθητῶν ἔξω) Seiende ist. »Aus dem Erbe Platos hat Philo sie aufgegriffen und ihren Dualismus weiter verschärft . . . und sie unter dem Thema der Gottebenbildlichkeit behandelt . . . Bei Pls und seinen Schülern wurde sie . . . durch die eschatologische Antithese zwischen altem und neuem Äon variiert« (E. Käsemann, An die Römer, HNT 8a, 1974[3], 198).

Die Rede vom inneren Menschen läßt sich offenbar in unterschiedlichster Hinsicht verwenden, wobei jeweils die Vorstellung von einer ontologischen Vorrangstellung des »Menschen im Menschen« leitend ist.

In der späteren Überlieferung mutet die Unterscheidung von innerem und äußerem Menschen denn auch nicht selten wie eine Variation der Bestimmung des Menschen als animal rationale an. Beide anthropologischen Modelle sind am Gedanken der Herrschaft des Menschen über sich selbst orientiert. Und erst durch die Parallelisierung beider Modelle wird die Zuordnung der Freiheit zum inneren und der Knechtschaft zum äußeren Menschen plausibel. Stellt man sich die animalitas des Menschen als seine ihn mit der

Lebe-Welt des Tieres verbindende Äußerlichkeit, die Vernünftigkeit des Menschen hingegen als sein die animalitas beherrschendes und durch Beherrschung überbietendes inneres Vermögen vor, so kann die Unterscheidung von innerem und äußerem Menschen in der Tat als Parallele – wenn nicht gar als Ursprung – der Definition gelten, die den Menschen als animal rationale begreift. Dabei erscheint dann die Wirklichkeit des die animalitas überbietenden Vernunftvermögens als die eigentliche Lebenswirklichkeit, die die Lebendigkeit des animal nicht durch eine *Steigerung* der ihm wesentlichen eigenen Lebenskraft, sondern durch eine gegenüber der animalischen Lebenskraft *andere,* von vornherein überlegene *Qualität* des Lebens überbietet (vgl. Aristoteles, Metaphysik XII, 7: 1072b 18–30). Diese qualitativ überlegene Wirklichkeit des Lebens stößt als Vernunft auf den menschlichen Leib als den organischen Ort ihres weltlichen Daseins wie auf etwas Äußerliches und in seiner Äußerlichkeit Widerständiges, das sie sich allererst unterwerfen muß, wenn sie nicht von diesem gleichsam gefangen genommen und beherrscht werden soll. (Auch bei Platon haben die unteren Seelenteile durchaus eine besondere Affinität zum Leib.) An der Äußerlichkeit der animalitas des animal rationale lernt sich so dessen ratio als innerlich verstehen. Die Innerlichkeit der Vernunft ist dabei als die Freiheit derselben zur Herrschaft über die animalitas des animal rationale und insofern über die animalische Lebe-Welt überhaupt verstanden. Die Unterscheidung von äußerem und innerem Menschen entspringt in dieser Überlieferung – wie schon in Platons Mythos – der Begegnung des Menschen mit sich selbst, in der sich dieser seinerseits als Begegnung zweier gegensätzlich orientierter Wirklichkeiten erfährt. Er erfährt sich einerseits in einer ihn äußerst befremdenden, »kaum auszudenkende[n] abgründige[n] leibliche[n] Verwandtschaft mit dem Tier« (M. Heidegger, Brief über den »Humanismus«, Gesamtausgabe I/9, 1976, 326), das er doch zu jagen, zu zähmen, zu reiten, zu schlachten – kurz: sich nützlich zu machen pflegt. Er erfährt sich andererseits in einer Verwandtschaft mit der wegen ihrer qualitativen Überlegenheit über die animalische Lebe-Welt als Himmelsmacht gefeierten Vernunft, die freilich gerade dann am vernünftigsten und lebendigsten sein soll, wenn sie – als νοήσεως νόησις – ausschließlich mit sich selbst beschäftigt ist. In dieser doppelten Verwandtschaft ständig an eine zwiefache Herkunft gebunden, erfährt der Mensch sich selber als Schnittpunkt zweier Wirklichkeiten, deren streitbare Übereinkunft in ihm ihn dazu veranlaßt, an sich selbst das Äußerliche vom Innerlichen und bei einiger Konsequenz sich selbst in einen äußeren und inneren Menschen zu unterscheiden. In dieser Differenz war er für die Metaphysik das vernünftige Lebewesen, das dann, wenn es »denkend tätig ist und die Vernunft in sich pflegt«, in der Begegnung mit sich selbst demjenigen Teil seiner selbst zur Herrschaft verhilft, der nach Aristoteles (Eth. Nic. X, 9: 1179a 22–29) am Menschen »das Beste« und »das den Göttern Verwandteste« ist. So ist das animal rationale das zur Herrschaft über sich selbst bestimmte Wesen, um als selbstbeherrschtes Wesen seinerseits die animalische Lebe-Welt ebenso wie den unlebendigen Stoff zu beherrschen. Da aber das Denken im höchsten Maße *Leben* – reines, ewiges Leben – ist (vgl. Aristoteles, Metaphysik XII, 7: 1072b), herrscht mit der Vernunft das ewige Leben über das so offensichtlich vergängliche Leben des animal, als das sich der Mensch ebenfalls erfährt. Er erfährt sich, weil als (vernünftiger) Herr seiner selbst, zugleich als (tierischer) Knecht seiner selbst. Kommt es aber zur Umkehr dieses Verhältnisses, so daß sich das animal, das wir sind, zum Herrn über die Vernunft in uns aufwirft, ja wird die Herrschaft der Vernunft in uns über den animalischen Menschen durch diesen auch nur bedroht, dann erscheint der äußere Mensch als Gefängnis der vernünftigen Seele, aus dem endgültig durch den Tod befreit zu werden die Hoffnung des gefangenen inneren Menschen ist. Und das ganze Leben des auf die Herrschaft der Vernunft bedachten Menschen wird zur commentatio mortis.

Es kennzeichnet Luthers gänzlich anders orientiertes Verständnis der Unterscheidung von innerem und äußerem Menschen, wenn er die den Menschen beherrschen sollende Vernunft seinerseits, nun aber voller Ironie als Herrin Vernunft apostrophiert: »O domina Ratio« (De servo arbitrio. 1525, WA 18, 674, 13; vgl. 729,7). Die Wendung sagt genug. Es ist die schlechthinnige Herrschaftsstellung, die Luther der Vernunft bestreitet. Zwar versteht auch die heilige Schrift die ratio als domina »super terram, volucres, pisces, pecora« (Disputatio de homine. 1536, WA 39/I, 175,16f). Und Luther kann sie (aaO., 175,9f) sogar »omnium rerum res et caput et prae caeteris rebus huius vitae optimum et divinum quiddam« nennen. Aber daß sie den Menschen beherrschen, daß er sich mit seiner Vernunft selbst beherrschen und seiner Sünden Herr werden könnte (aaO., 178,21–23), ist ausgeschlossen.